百姓身边的民法典科普书

谭 平 主编
李慧华 副主编

BAIXING
SHENBIANDE
MINFADIAN
KEPUSHU

知识产权出版社
全国百佳图书出版单位
—北京—

图书在版编目（CIP）数据

百姓身边的民法典科普书/谭平主编. —— 北京：知识产权出版社，2021.9
ISBN 978-7-5130-7592-3

Ⅰ.①百… Ⅱ.①谭… Ⅲ.①民法—法典—中国—通俗读物 Ⅳ.① D923-49

中国版本图书馆 CIP 数据核字（2021）第 129727 号

内容提要

本书以百姓熟知的西游人物为主角，以百姓身边发生的案件为题材，以生动幽默的语言向百姓科普《民法典》，力求让读者更轻松地掌握生活中常用的民法典知识。适合想了解《民法典》相关法律知识的读者阅读。

责任编辑：龚卫　　　　责任印制：刘译文
执行编辑：吴烁　　　　封面设计：乾达文化

百姓身边的民法典科普书

主　编　谭　平
副主编　李慧华

出版发行：知识产权出版社有限责任公司	网　　址：http://www.ipph.cn
电　　话：010-82004826	http://www.laichushu.com
社　　址：北京市海淀区气象路50号院	邮　　编：100081
责编电话：010-82000860转8768	责编邮箱：laichushu@cnipr.com
发行电话：010-82000860转8101	发行传真：010-82000893
印　　刷：三河市国英印务有限公司	经　　销：各大网上书店、新华书店及相关专业书店
开　　本：710mm×1000mm　1/16	印　　张：9
版　　次：2021年9月第1版	印　　次：2021年9月第1次印刷
字　　数：150千字	定　　价：68.00元

ISBN 978-7-5130-7592-3

出版权专有　　侵权必究
如有印装质量问题，本社负责调换。

编写说明

2020年5月28日是我国法治进程中一个特殊的日子，因为就在这一天，十三届全国人民代表大会第三次会议表决通过了《中华人民共和国民法典》，中华人民共和国终于有了第一部以"法典"命名的法律。

在诸多法律中，民法是离老百姓最近的法律，因此这部与百姓息息相关的《民法典》亦被称为社会生活的"百科全书"。作为律师，我们不仅有着在具体案件中向当事人释法说理的刚性需求，更有着为老百姓普及和宣传《民法典》的责任和义务。

习近平总书记强调，《民法典》要实施好，就必须让《民法典》走到群众身边、走进群众心里。要怎么做才能让《民法典》走进群众心里呢？我们琢磨了很久，最终决定在我们的公众号"捷高律师"上开辟"闲话西游·捷高律师来讲法"的专栏，在我国目前的法律框架范围内，以老百姓熟悉的西游人物为主角，以发生在老百姓身边的真实案（事）件为题材，力求用轻松幽默的语言讲述出一个个法律故事，努力让老百姓在读故事的同时了解到相应的《民法典》知识。

2021年不仅是《民法典》颁布一周年，更是中国共产党成立100周年，在这个特殊的年份，我们决定将我们编写的法律故事集结成书，谨以此书献给中国共产党成立100周年。

本书由谭平律师担任主编，李慧华律师担任副主编，林瑞文律师、谭国炽律师、黄洁梅律师、黄昕睿律师、胡婷婷律师参与具体文章的编写，袁彦女士绘制插图。

由于编者水平有限，本书尚存在不足之处，敬请读者批评指正。

谭平

2021年1月10日

目 录

总则编

我见义勇为救人没成功需要承担责任吗? /3
不称职的父母能否被"开除"? /7
母亲有权扣押儿子的证件吗? /10
帮你看管了那么久共享马匹,是不是该给点儿管理费呢? /13
儿子给主播巨额打赏,我能追回吗? /16
我们为什么要禁止代孕? /19
孩子们玩耍受伤了,我该找谁赔? /21

物权编

利用小区共有部分经营所得的收入归谁? /27
小区的人防停车场难道不属于业主共有吗? /30

合同编

我花几十万元却买了一套被查封的房子 /35

帮你打赢官司后竟然不付律师费? / 38
租客头也不回地跑了,我该怎样收回房子? / 42
欠费还能赶走物业,这是什么操作? / 45
用"双合同"规避政策,没门! / 47
向"霸王条款"说"不"! / 50
万万没想到,转让自有债权还要注意这些事项 / 54
房子都租给你了,还要我来维修? / 57
是别人把房子弄坏的,怎么又找我维修? / 60
我的租客换人了,我怎么不知道? / 63
面对拖欠购房款的你,我该怎么办? / 66

人格权编

请"键盘侠"放过我吧 / 71
向性骚扰说"不"! / 74
APP搜集我的手机号码、地理位置等侵权吗? / 77
未经我同意就商用我的照片侵权了吗? / 81

婚姻家庭编

把个人财产给了老婆,我能反悔吗? / 87
送给"小三"的财产,统统给我拿回来 / 90
分居两年能自动离婚吗? / 93
我老公借的钱为什么要我来还? / 97
都要离婚了,还让我怎么冷静? / 100

继承编

帮扶邻家孤寡老人30年,分得一半遗产	/ 105
他不是我亲兄弟,凭什么分我妈的遗产?	/ 108

侵权责任编

在校生兼职时坠亡,责任谁来担?	/ 113
被诊断为甲醛中毒,我们家跟家具厂打了十几年官司	/ 116
老人被狗绳绊倒摔死,责任谁来承担?	/ 120
玻璃滑道又出事故,侵权责任如何承担?	/ 123
为什么我好心投喂流浪狗还要为它闯的祸买单?	/ 125
天上掉下一只哮天犬	/ 128
又不是我放的鞭炮,为什么要我赔钱?	/ 131

总则编

我见义勇为救人没成功需要承担责任吗？

——胡婷婷[*]

近日，两名医学生在盘丝洞火车站跪地救人的视频引起了西游各路神仙百姓的关注。

原来，花果山的猴爷爷在盘丝洞火车站候车时突然身体不适，倒地后陷入昏迷，此时两名候车的医学专业在读学生路过，毫不犹豫地跪地轮流抢救，为猴爷爷进行心肺复苏和人工呼吸。可惜，如此努力的抢救仍无法挽回猴爷爷的性命。作为心怀仁爱精神的医学院学生，她们因对猴爷爷抢救无效在离开现场时忍不住哭泣流泪，让人动容；猴爷爷家属的理解和感谢同样令人感动。

随着视频的广泛传播，一段评论也引起了大家的热议。这段评论的原文是"次日猴爷爷家属把两名医学生告上天庭，原因是她们没有行医资格证，这剧情怎么样"。这段获得了颇高点击量的评论由于似乎与视频中的互助互爱精神相左，被网友们怒称为恶评，遭到了大家的抨击。

🔊 捷高律师有话说

这两名医学生是否如评论所言，因其没有行医资格证而应向猴爷爷及其家属承担赔偿责任呢？

答案是否定的。两名医学生遇到突然发病倒地的猴爷爷，以自己学医习得的急救方法进行力所能及的紧急救治，属于见义勇为行为。

---

* 胡婷婷，广东捷高律师事务所执业律师，拥有超过5年的行政管理、人力资源风险防范及管理制度设计等方面的经验，专注于政府法律顾问、破产、清算、民商事诉讼等领域。

1. 什么是见义勇为？

见义勇为是指非负有法定职责或义务的自然人，不顾自身安危通过同违法犯罪行为做斗争或者抢险、救灾、救人等方式保护国家、集体的利益和他人的人身、财产安全的一种行为。

见义勇为的行为主体是不具有法定职责或者义务的自然人。负有法定职责或者义务的主体，在履行法定职责或者义务时不能成为见义勇为的行为主体。例如，警察在遇到行凶杀人事件的时候有法定的制止义务，消防员遇到火情时有法定的救火抢险义务，他们在实施这种行为时属于履行法定职责或义务，不属于见义勇为；而普通市民实施这种行为时，则属于见义勇为。

见义勇为所保护的客体是国家、集体的利益或者他人的人身、财产安全。自然人为保护本人的生命、财产安全而与违法犯罪做斗争的行为，不能被认定为见义勇为。

在该事件中，两名女生只是医学院的学生，不是收治了病人的医院的医护人员，对猴爷爷没有法定的救助职责或义务；她们的施救行为是为了保护倒地猴爷爷的生命健康权，并非为了自身，保护的是他人的人身安全，因此属于典型的见义勇为行为。

2.紧急救助行为导致受助人损害，救助人是否负有赔偿责任？

《民法典》第一百八十四条规定："因自愿实施紧急救助行为造成受助人损害的，救助人不承担民事责任。"

比如，我们都知道，在心脏骤停时实施的胸外按压，由于按压深度非常深，在长时间按压下有可能导致肋骨骨裂或骨折。这种伤害是因为紧急救助行为本身造成的，所以救助人依法不应就肋骨骨折向受助人承担赔偿责任。

那么，实施了过当或者错误的施救手段是否应当承担赔偿责任呢？答案同样是不应承担赔偿责任。法不强人所难，与正当防卫不应严苛要求行为人的防卫行为与被害行为程度对等的原理相同，对紧急救助时的行为同样不应苛刻对待，如不应要求救助人采取完全对等的胸外按压强度、不应要求救助人完全避免对受助人造成二次伤害等。

因此，该条款被称为"好人条款"，系见义勇为者因紧急救助行为造成受助人损害时的免责条款，意在为见义勇为者解除后顾之忧，不让英雄流血、流汗又流泪。

3.见义勇为行为导致自身损害时应如何维权？

《民法典》第一百八十三条规定："因保护他人民事权益使自己受到损害的，由侵权人承担民事责任，受益人可以给予适当补偿。没有侵权人、侵权人逃逸或者无力承担民事责任，受害人请求补偿的，受益人应当给予适当补偿。"

因此，该案中的两名医学生如果因紧急救助行为错过列车，那么她们所损失的退票和购票费用可向猴爷爷的家属要求适当补偿。

4.为何这两名医学生不应对受助人的死亡承担赔偿责任？

关于见义勇为，《民法典》只在第一百八十三条、第一百八十四条有所规定，其中第一百八十四条规定的是"紧急救助行为造成受助人损害的，救助人不承担民事责任"，但未规定在紧急救助失败的情况下，救助人是否应当承担民事责任。

举重以明轻，即使因紧急救助行为导致受助人损害的，救助人也不用赔偿，那么系因受助人本身的身体、精神状况等方面导致的损害，救助人当然不应承担赔偿责任。

在该案中，受助人猴爷爷系因突发疾病突然倒地，正是因为他的疾病，两位医学生才为其实施胸外按压，但最终抢救无效死亡，这个死亡结果并非抢救行为导致，而是其本身疾病所致，因此两位医学生当然不应承担赔偿责任。

5. 涉事评论并非恶评，反映了社会对见义勇为不良后果的普遍担心

近20年来，人们对见义勇为持谨慎态度，因为一些受助人将救助人告上法庭、救助人承担赔偿责任的新闻事件似乎传递出这样一种声音：谨慎见义勇为、见义勇为会带来损失甚至无尽的烦恼。

因此，笔者认为，看似恶评的涉事评论其实反映了这样一种担忧："我救助了一个突然倒下的人，万一救助不成功他仍然去世了，我会不会因为擅自对他实施救助行为而需要对他的死亡负责任？"对于这种担忧，笔者认为是合理的，不应过分解读、先入为主地认为它是"恶"的。

《民法典》的规定切实保护见义勇为者的利益和及时助人的仁爱精神，改变人们这种"见义勇为可能产生不良后果"的刻板印象，告诉人们：遇到需要您帮助的人，请伸出援手，放心地帮助他吧，《民法典》会为您撑起保护伞，让见义勇为者无须再因自己的热心施救行为而担惊受怕。做好事再无后顾之忧。

不称职的父母能否被"开除"？

——林瑞文*

近来，西游世界流传着几则与孩子有关的新闻，令人心痛。一个是父亲抛摔2岁幼童的7秒视频在网上疯传，另一个是3岁女童被父母喂到35公斤的话题登上热搜。网友们对此不禁发出直抵灵魂的拷问——工作不称职可以被单位解雇，这种不称职的父母难道不能被"开除"吗？

答案是可以的。随着社会中失职父母数量的逐渐增多，法律在监护权方面的规定也日趋完善。对于失职的父母，我国《民法典》对撤销监护人资格的问题作了相关规定。

捷高律师有话说

1. 哪些情况下监护人会被撤销监护人资格？

《民法典》第三十六条第一款规定："监护人有下列情形之一的，人民法院根据有关个人或组织的申请，撤销其监护人资格，安排必要的临时监护措施，并按照最有利于被监护人的原则依法指定监护人：（一）实施严重损害被监护人身心健康的行为；（二）怠于履行监护职责，或者无法履行监护职责且拒绝将监护职责部分或者全部委托给他人，导致被监护人处于危困状态；（三）实施严重侵害被监护人合法权益的其他行为。"

在实际生活中，监护人是否符合上述情形应就个案进行分析。比如，在填

---

* 林瑞文，广东捷高律师事务所主任，执业律师，人民调解员，专注房地产与建筑、城市更新、企业合规经营、借贷、不良资产等领域。

喂3岁女童案中,父母在网络点击量的刺激下,热衷于拍摄女儿大吃大喝的视频,通过长期过度填喂使其体重飙升至近35公斤,远远超过3岁女孩的标准体重(10.23～20.10公斤)[①],并且在女童拒绝填喂时仍然要求其进食,对其身心健康埋下巨大隐患,属于《民法典》第三十六条第一款第(一)项规定的实施严重损害被监护人身心健康的行为,符合依法撤销监护人资格的条件。

2.何人能申请撤销监护人资格?

对于申请撤销监护人资格的主体,最高人民法院、最高人民检察院、公安部、民政部发布的《关于依法处理监护人侵害未成年人权益行为若干问题的意见》第二十七条明确规定,未成年人的其他监护人,祖父母、外祖父母、兄、姐,关系密切的其他亲属、朋友;未成年人住所地的村(居)民委员会,未成年人父、母所在单位;民政部门及其设立的未成年人救助保护机构;共青团、妇联、关工委、学校等团体和单位,均有权提出申请。

3.被撤销监护人资格后,是否不再负担抚养费?

《民法典》第三十七条规定:"依法负担被监护人抚养费、赡养费、扶养费的父母、子女、配偶等,被人民法院撤销监护人资格后,应当继续履行负担的义务。"因此,并不是说被撤销监护人资格就免除抚养义务了,即便被撤销监护人资格,被

---

① 参见《中国7岁以下儿童生长发育参照标准》。

撤销监护人资格的父母或其他监护人仍然需要负担抚养费。

需要注意的是，撤销监护人资格案件是一个"系统工程"，尤其是在涉及未成年人的案件中，撤销监护人资格的同时，安排必要的临时监护措施，并按照最有利于被监护人的原则依法指定新的监护人。因此在这类案件中，人民法院往往非常谨慎，必须根据被监护人的具体情况全面考虑，本着最有利于被监护人的原则依法指定新的监护人。

笔者听过这样一个故事：每个孩子曾经都是天使，他们趴在云朵上，认认真真地挑选父母，挑中之后放弃其他所有选择，丢掉天上的珍宝，光着身子来到父母身边。希望天下被选中的父母，都能善待孩子，不被"开除"。

母亲有权扣押儿子的证件吗?

——李慧华

红孩儿是铁扇公主唯一的儿子。铁扇公主对红孩儿十分宠爱,一直安排他在家门口的学校上学。然而孩子终究会长大。红孩儿大学毕业后考上了西游世界排名第一的大学——天庭大学,而且是硕博连读,一走就是8年。

由于学业繁重,在这8年里红孩儿都未回过家。铁扇公主思子心切,前往天庭大学探望,才发现红孩儿在天庭大学谈了女朋友,还想留校任教,不再回家附近工作。想到儿子日后回家发展的可能性极小,铁扇公主心都碎了。突然,她想到了一个办法,趁红孩儿去上课时四处翻找并拿走了儿子的身份证、护照等证件,企图以此要挟其跟自己回家。

红孩儿发现母亲扣押了自己的证件后十分愤怒,跟她大吵一架,并将这些年对母亲给自己的安排和控制的不满全部发泄出来。两人彻底吵翻了。

捷高律师有话说

其实,不止铁扇公主,我们身边也偶有父母因反对子女的结婚对象、反对子女读书或报考某所大学而扣押其证件的新闻。那么,父母有权扣押子女的证件吗?

1. 成年子女享有人身自由权,父母无权干涉

《民法典》第一百零九条规定:"自然人的人身自由、人格尊严受法律保护。"第一百三十条规定:"民事主体按照自己的意愿依法行使民事权利,不受干涉。"第一百三十二条规定:"民事主体不得滥用民事权利损害国家利益、社会公共利益或者他人合法权益。"

该事件中，红孩儿已经成年，系完全民事行为能力人，依法已经有权按照自己的意愿行事。其母亲铁扇公主为了把红孩儿留在身边而扣押其证件的行为，系滥用其作为母亲的权利，已经侵犯了红孩儿的民事权利，违反了《民法典》第一百三十二条的规定，应当承担民事责任。

2．未成年子女同样享有人身自由权，父母不得随意限制

如果孩子是未成年人，仍处于父母的监护之下，那么父母能否扣押子女的证件呢？

《民法典》第三十五条第二款强调："未成年人的监护人履行监护职责，在作出与被监护人利益有关的决定时，应当根据被监护人的年龄和智力状况，尊重被监护人的真实意愿。"

显然，《民法典》除满足被监护人的监护需求外，最大限度地尊重被监护人的真实意愿和人身自由，因此，未成年子女持自己的合法证件进行与自己智力、精神状况相适应的活动，如参加学校组织的活动、自主决定报考某所大学、坚持到校接受教育等，父母不得随意干涉和限制。

3．父母扣押子女证件，可能还会侵犯子女的其他权利

除侵犯人身自由权外，父母因反对子女的结婚对象扣押子女的证件阻碍其婚姻登记的，侵犯的是《宪法》和《民法典》等规定的婚姻自由权；父母反对孩子报考自己不看好的大学，甚至反对孩子接受教育而扣押证件的，侵犯的是《宪法》等规定的受教育权。

此外，父母扣押子女的居民身份证，违反了《居民身份证法》第十五条第三款之

规定。公安机关有权按照该法第十六条之规定对其进行警告，并处200元以下罚款。

4.被父母扣押证件，子女应如何处理？

考虑到父母与子女之间特殊的亲缘关系，如果父母的行为不是太难让人接受，一般而言也不提倡子女为此报警甚至与父母闹上法庭。子女可以通过补办证件的方法重新取得证件，继续行使自己的合法权利。但如果确实无法补办证件，或者父母的行为特别恶劣，如多次扣押证件，通过其他方式限制、侵犯子女的合法权益，子女仍然有权拿起法律武器保护自己。

红孩儿和铁扇公主的这场不愉快，让人叹息。父母和子女不仅在法律上，而且在精神上、物质上都是彼此独立的个体，父母有权利要求子女善待自己，但不应以父母的身份要挟子女、强迫子女无条件地满足自己的要求。

帮你看管了那么久共享马匹，是不是该给点儿管理费呢？

——胡婷婷

话说，完成取经任务后，孙悟空觉得日子太无聊了，便打算重操旧业，向玉帝请求重新出任弼马温一职，同时提出要将马匹作为共享出行工具，便宜出租给有需要的百姓，改善交通之余，还能为天庭增加点儿收入。玉帝觉得此主意甚好，便允了孙悟空的请求，同时颁布了天条法规，要求人间政府部门规划马匹公共停放区域，便于百姓随用随停。此法一出，获得了天庭、人间的一致称赞。

经营了一段时间后，共享马匹业务越做越好，孙悟空也十分高兴。某天在巡视时，孙悟空突然发现有将近100匹共享马不但长期无人租赁，而且不见了踪影。孙悟空马上派出下属到处寻找，最终在火焰山的某山洞里发现该100匹共享马。孙悟空赶到山洞一看，好家伙，难怪这批共享马无人租赁，原来是被人拴在了山洞里。

孙悟空气坏了，一脚把管辖该区域的土地公踩了出来。土地公满脸堆笑地向孙悟空问好，说明因共享马随意乱放影响了火焰山居民生活、出行的情况，所以才好心地把共享马牵到此处，并向孙悟空提出管理费的要求。孙悟空认为，土地公这是在添乱，影响了共享马的租赁使用。二人无法达成共识，只能找玉帝理论。

玉帝开庭主审了此案。经审理，玉帝认为，火焰山一带本为土地公的管辖范围，土地公对通过科学合理的手段管理火焰山内的共享马匹的停放秩序有着不可推卸的义务。虽说随意停放共享马匹确实不对，但不能因此将马匹赶往山洞拴起来，同时土地公也没有将该情况及时通知孙悟空，造成孙悟空的共享马匹不能出租，利益受到了损害，所以土地公此举并不是避免孙悟空的利益受损的正确做法，不构成无因管理，对土地公提出的管理费请求不予支持。

🔊 捷高律师有话说

1.什么是无因管理？为什么说土地公不属于无因管理？

《民法典》第一百二十一条规定："没有法定的或者约定的义务，为避免他人利益受损失而进行管理的人，有权请求受益人偿还由此支出的必要费用。"

这条规定说的就是无因管理。根据该规定，构成无因管理需同时满足三个要件：①管理他人事务；②避免他人利益受损失；③没有法定或约定的义务。

该案中，土地公并没有满足"避免他人利益受损失"这一要件。虽然土地公与孙悟空之间不存在合同关系，其将共享马集中停放在山洞里，确有无因管理的成分，但土地公并没有在合理可期待的时间内有效通知孙悟空，该行为明显不当。由于被拴住且集中存放在山洞的共享马匹很难被找到并使用，进而直接影响了孙悟空通过出租共享马匹获取相应收益的情况，因此土地公的行为不能被认定是为了避免孙悟空的利益遭受损失或使孙悟空因此受益。

而是否为避免他人利益受损失的认定应综合行为人实施的管理行为的结果、本人可推知的意图及是否符合法律的强制性规定和公序良俗的要求来认定。按照日常生活法则判断，共享马匹停放的位置应当便于社会一般公众使用且能随时与孙悟空建立租赁关系，这才是孙悟空可推知的意图，也是其利益所在。对此，玉帝认为土地公此举不构成无因管理，于法有据。

2.无因管理的法律意义是什么？

法律承认无因管理的存在，是为了倡导和肯定社会的道德追求。法律承认无因管理的目的在于，既能保护每个人就自身事务不受不请自来的干预，也能鼓励社会形成相互帮助的良好风尚。

无因管理行为必须经得起正当性评价，无因管理人有义务进行适当管理，对他人的合法权益应及时予以保护。若管理不当，即使该行为有为他人管理的主观意愿，但其效果并不会对他人有利的，法律则不予保护。

需要再次强调的是，无因管理通俗地说，就是没有义务的助人行为。既然是助人行为，在无因管理成立后，无因管理人不得向被管理人要求支付报酬，但是有权要求被管理人承担因无因管理而支出的必要费用。所以，无因管理能够引起债的发生，是一种法律事实。对此，若读者遇到此类纠纷，那么可以通过法律手段来维护自身权益。

儿子给主播巨额打赏，我能追回吗？

——胡婷婷

随着网络技术的发展，越来越多的孩子需要在线学习，不可避免地会使用手机。为了让 9 岁的大宝能够学习，百花羞只能把自己的手机交给大宝，但叮嘱他只能用于学习。可是，网络世界充满诱惑，大宝总是趁着百花羞做饭、照看女儿小花花的时间偷偷看直播，且日渐沉迷。

这天，百花羞收到一张 20 万元的账单，才发现大宝不仅一直偷看直播，还用自己手机绑定的银行卡陆续给主播打赏了 20 万元，差点没被气晕过去。20 万元对于百花羞来说，其中的每一分钱都是从牙缝里省出来的辛苦钱。百花羞马上联系主播要求返还儿子给的打赏，却被主播无情拒绝。无奈之下，百花羞只能通过诉讼来解决此事。

玉帝受理了此案。经查，大宝是在"快看"APP 内购买虚拟货币用于打赏主播。玉帝认为，大宝在不满 10 周岁的情况下用 20 万元购买虚拟货币打赏主播的行为，未能得到法定代理人百花羞的同意或追认，也不是纯获利益的或与其年龄、智力相适应的民事法律行为，因此该合同行为无效，判决"快看"APP 的主播归还大宝打赏的 20 万元。

◀ 捷高律师有话说

1. 大宝的打赏行为是否具有法律效力？

判断一个行为是否具有法律效力，除了看行为内容本身是否合法外，还要根据行为人是否具有行为能力进行判断。

《民法典》第十九条规定："八周岁以上的未成年人为限制民事行为能力人，实施民事法律行为由其法定代理人代理或者经其法定代理人同意、追认；但是，可以独立实施纯获利益的民事法律行为或者与其年龄、智力相适应的民事法律行为。"第二十条规定："不满八周岁的未成年人为无民事行为能力人，由其法定代理人代理实施民事法律行为。"

该案中，大宝已满9岁，属于限制民事行为能力人，只能独立实施与其年龄、智力相适应的或者纯获利益的民事法律行为。他可以给主播进行小额打赏，但打赏20万元显然已经超过其能力范围，该行为必须得到其法定代理人（即母亲百花羞）的追认或同意才能生效。

2. 未成年人实施打赏行为的举证问题

未成年人一般为无民事行为能力或限制民事行为能力人，其行为一般应由法定代理人代理实施，或者经其同意或追认。但网络交易的特点在于双方当事人并不见面，未成年人在网络上购买大宗商品使用电子支付的情况也时有发生。电子商务的经营者作为交易一方，通常难以在网络环境下通过自动信息系统，去认定消费者是否是无民事行为能力人或限制民事行为能力人，以及其行为是否与其年龄、智力、精神健康状况相符合。

虽然现在大多数平台已经运用了青少年防沉迷系统，但如果未成年人像大宝一样是使用家长的手机进行网络交易的，那么该系统是无法限制其交易的。所以，在举证方面，除非能够证明打赏行为是未成年人实施的，如观看打赏的视频、主播是否是小孩喜欢的动画，打赏人与主播聊天的内容，打赏人发弹幕的内容，打赏的频率，打赏人的家庭情况等，否则难以认定该打赏行为因由未成年人实施而无效或效力待定。

3. 相对人发现合同一方是未成年人，有何救济手段？

如相对人发现与其签订合同的一方是未成年人，可根据《民法典》第一百四十五条之规定，对未成年人的法定代理人进行催告，法定代理人可自收到通知之日起 30 日内予以追认。法定代理人未作表示的，视为拒绝追认。该民事法律行为被追认前，如相对人为善意的，善意相对人可主张撤销该合同，撤销应当以通知的方式作出。

作为未成年人的父母，要依法履行监护职责，妥善保管银行账户、身份证等信息，在给予未成年人适当自由的同时，亦要注重教育子女树立正确的消费观念，在其使用网络产品时要多加监管，慎防网络风险；对自己的存款账户加设每日消费限额和消费提醒，当发现自己的账户有异动时，及时核查消费的用途，一旦发现属于未成年人打赏的，及时主动与平台沟通、申明打赏人身份，作出否认的意思表示，要求终止交易，防止损失进一步扩大。

我们为什么要禁止代孕？

——胡婷婷

猪八戒与高翠兰结婚多年一直无所出，这让猪八戒十分郁闷，虽不至于导致夫妻不睦，可是猪八戒心里仍渴望在凡间留下一点血脉，让自己的"良好"基因得以传承。

这天，猪八戒收到一则广告，对方声称能提供代孕服务，只要猪八戒与代孕妈妈在医师指导下互饮女儿国子母河中的河水，代孕妈妈便可怀孕生下拥有猪八戒血脉的后代，猪八戒一听，心动不已——既不用背叛妻子，也能拥有自己的孩子，大不了等孩子出生后再向高翠兰解释，相信她也是会理解的。但是，一看到高额的代孕费等事项，猪八戒心里又犯起了嘀咕，便前往天宫律师事务所向律师太白金星咨询。

太白金星一听猪八戒的计划，就严厉批评猪八戒，指出代孕行为为天庭律法所禁止，违背公序良俗，劝猪八戒放弃这个念头。猪八戒非常疑惑，代孕这种能够满足生育困难夫妻要孩子的"好事儿"，为什么会被禁止呢？太白金星看着猪八戒不解的神色，便耐心地解释了起来。

◀ 捷高律师有话说

1. 太白金星为什么说"代孕"行为违背了公序良俗？

我们首先要知道什么是公序良俗。公序，即公共秩序，是指国家社会的存在及其发展所必需的一般秩序；良俗，即善良风俗，是指国家社会的存在及其发展所必需的一般道德。公序良俗指民事主体的行为应当遵守公共秩序、符合善良风俗，不得违反国家的公共秩序和社会的一般道德。

于理,"代孕"行为是以代孕方的子宫作为"物"来出租使用,将孩子作为商品交易的对象。这显然不符合我国的伦理道德观,与《民法典》保护公民人格权的基本原则相悖。于法,原卫生部于2001年颁布实施的《人类辅助生殖技术管理办法》明确禁止医疗机构和医务人员实行任何形式代孕技术。因此,"代孕"行为于理于法都不被我国认可。

2. 代孕有哪些法律风险?

第一,代孕可能引发监护权纠纷、抚养纠纷、探视权纠纷等。第二,在离婚案件中,因代孕而发生的债务未必被认定为夫妻共同债务。若一方举债代孕,另一方并不知情,法院一般不支持双方共同承担清偿责任,举债一方可能因此产生较重的经济负担。第三,代孕容易引发相关的刑事案件,如以代孕为名实施诈骗、代孕涉及的非法行医、向代孕中介出售出生证明引发的买卖国家机关证件案等。

孩子们玩耍受伤了，我该找谁赔？

——胡婷婷

猪八戒听过律师太白金星的解释后，便放弃了代孕的念头。后来，猪八戒和高翠兰通过正规医院的试管婴儿技术生下了儿子猪小宝，一家三口其乐融融。

转眼四年过去了，猪小宝由嗷嗷待哺的小婴儿变成了一个蹦蹦跳跳的小胖墩儿。这天，正在公园"遛娃"的高翠兰碰上了同样在"遛娃"的百花羞，二人便一边看着小孩一边聊天。二人相见恨晚越聊越投机，连在一旁玩耍的小孩走远了也不知道。突然，一阵哭声传来，二人才发现小孩已不在身边，听声音像是百花羞的女儿小花花。

百花羞慌了神，立马和高翠兰循声找去，看到小花花捂着右腿哭得撕心裂肺，猪小宝则露出惊慌失措的神色。百花羞上前查看，发现小花花的右脚已经不能移动，赶紧抱着小花花上医院。高翠兰经检查发现猪小宝没有受伤，也抱起猪小宝跟随百花羞前往医院了。

医院检查后确诊小花花的右腿中段骨折，进行了手术后用石膏固定并让小花花住院观察。一番忙碌后，百花羞悬着的心也稳定下来，便询问猪小宝当时究竟发生了什么事。被吓坏的猪小宝断断续续地说，当时正和小花花姐姐一起玩耍，谁知道玩着玩着旁边的花盆倒了下来，刚好压在小花花的腿上了。

听完猪小宝的陈述后，百花羞便对高翠兰说道，这肯定是调皮的猪小宝把花盆弄倒，所以才砸到小花花身上的，要求高翠兰赔偿损失。高翠兰一听百花羞这样说自己的儿子，立马生气地说道，猪小宝调皮归调皮，平常也是很乖巧的，绝不会做出这样的事，肯定是小花花自己弄倒花盆的。就这样，护子心切的二人我一言你一语，吵得面红耳赤，互不相让，从医院吵到了天庭。

玉帝听完各人的陈述后认为，小花花只有6岁，系未满8周岁的未成年人，百花羞是小花花的法定监护人，应当履行监护责任，但百花羞却一直和高翠兰聊天，连小花花跑远了都不知道，没有尽到监护职责，应当承担相应的过错。虽然小孩因心智发育不成熟，对事物的认知不足，且也没有证据证明花盆究竟是何人推倒的，但事故也确是二人玩耍过程中发生的，高翠兰也应承担相应监管不利的责任。故认定高翠兰承担25%的责任，百花羞自负75%的责任。一番分析让两位妈妈心服口服，各自归家。

捷高律师有话说

该案是猪小宝与小花花在玩耍过程中引起的身体权、健康权、生命权纠纷，两个小孩均属于未成年人，尚不具备完全民事行为能力，又没有其独立财产，不能独立承担民事责任。那么，其侵权责任应该如何承担呢？

1. 未成年人的侵权责任由谁承担？

《民法典》第二十条规定："不满八周岁的未成年人为无民事行为能力人，由其法定代理人代理实施民事法律行为。"第一千一百八十八条规定："无民事行为能力人、限制民事行为能力人造成他人损害的，由监护人承担侵权责任。监护人尽到监护职责的，可以减轻其侵权责任。有财产的无民事行为能力人、限制民事行为能力人造成他人损害的，从本人财产中支付赔偿费用；不足部分，由监护人赔偿。"

根据上述规定，由于猪小宝与小花花系不满8周岁的未成年人，为无民事行为能力人，因此他们在玩耍过程产生的侵权责任应由各自的监护人承担。

2. 如何确定未成年人监护人？

未成年人造成的侵权责任的承担离不开监护人的角色。对于监护人，《民法典》第二十七条规定："父母是未成年子女的监护人。未成年人的父母已经死亡或者没有监护能力的，由下列有监护能力的人按顺序担任监护人：（一）祖父母、外祖父母；（二）兄、姐；（三）其他愿意担任监护人的个人或者组织，但是须经未成年人住所地的居民委员会、村民委员会或者民政部门同意。"

根据上述规定，在该案中，猪小宝的监护人系高翠兰，小花花的监护人则是百花羞。

3. 监护人需要承担什么职责？

《民法典》第三十四条第一款规定："监护人的职责是代理被监护人实施民事法律行为，保护被监护人的人身权利、财产权利以及其他合法权益等。"

根据该规定，监护人的监护职责主要包括两项：代理被监护人实施法律行为；保护被监护人的合法权益。前者为积极保护，目的是使被监护人可以有效参与社会交往活动；后者为消极保护，目的是防止被监护人合法权益遭受损害。

4. 为何百花羞需要承担75%的责任？

《民法典》第三十四条第三款规定："监护人不履行监护职责或者侵害被监护人合法权益的，应当承担法律责任。"

该案中，猪小宝与小花花均为未成年人，百花羞与高翠兰作为监护人，应尽到监护职责。但在事故发生时，二人因在聊天而对猪小宝与小花花疏于看管，让其独自玩耍，使小花花受到伤害，百花羞作为监护人没有尽到监护责任，应自行承担50%的责任。

由于该案无法证明是何人推倒花盆致小花花受伤的，根据《民法典》第一千一百八十六条"受害人和行为人对损害的发生都没有过错的，依照法律的规定由双方分担损失"之规定，百花羞承担责任之后的50%的损失应由双方分担，基于公平原则，小花花应自负25%的责任，猪小宝应承担25%的责任，由于猪小宝是无民事行为能力人，其责任由其监护人高翠兰承担。

未成年人年龄尚小，心智不成熟，对事物的认知和判断能力不足，不能辨认或者不能充分理解自己行为的后果，亦无预见能力。故此，作为监护人理应尽到监护职责，看管好未成年人，以免造成损害的发生。

物权编

利用小区共有部分经营所得的收入归谁？

——谭国炽*

近日，花果山当地住房和城乡建设委员会、房屋管理局在一次综合执法检查中发现，水帘洞区的一家物业公司存在未经业主同意擅自利用小区共有部分进行经营活动的行为。因此，水帘洞区房屋管理局作出处罚决定，给予该物业公司警告，并责令限期整改，逾期不改的，将处以1000元以上5000元以下的罚款。

这则新闻引发了业主们的讨论，如小区共有部分收入到底归谁所有、资金如何管理处置等问题，尤为引人关注。

1. 什么是小区的共有部分？

《民法典》第二百七十一条规定："业主对建筑物内的住宅、经营性用房等专有部分享有所有权，对专有部分以外的共有部分享有共有和共同管理的权利。"

根据该条和相关法律规定，一般而言，在一个小区内，除业主自己家里的部分属业主专有以外，下列部分为业主共有。

（1）电梯、过道、楼梯、水箱、外墙面、水电气的主管线等属于业主共有。

（2）小区内的道路除城镇公共道路外，属于业主共有。

（3）小区内绿地除城镇公共绿地或个人绿地外，属于业主共有。小区内的其他公共场所、公用设施和物业服务用房，属于业主共有。

（4）占用业主共有的道路或者其他场地用于停放汽车的车位，属于业主共有。

---

* 谭国炽，广东捷高律师事务所执业律师，拥有多年保险法务经理经验，交通事故、保险合同、人身损害赔偿类案件诉讼经验丰富。

2. 小区共有部分收入属于全体业主共有

《民法典》第二百八十二条明确规定："建设单位、物业服务企业或者其他管理人等利用业主的共有部分产生的收入，在扣除合理成本之后，属于业主共有。"

例如，物业公司设置电梯广告、售水机，部分小区将地面停车位对外临停或出租，部分小区将楼顶租给运营商架设 5G 基站等，这些经营的收入在扣除合理成本后依法属于业主共有。

3. 利用共有部分经营应经业主大会表决

《民法典》第二百七十八条中规定，改变共有部分的用途或者利用共有部分从事经营活动的，应当由专有部分面积占比 2/3 以上的业主且人数占比 2/3 以上的业主参与表决，并经参与表决专有部分面积占比 3/4 以上的业主且参与表决人数占比 3/4 以上的业主同意。因此，无论是物业公司还是业主委员会，都无权未经业主大会表决而利用共有部分从事经营活动。

4. 擅自利用共有部分经营的法律责任

物业公司、业主委员会未经业主大会同意擅自利用共有部分经营的，可能会产生民事责任和行政责任。

《物业管理条例》第六十三条规定："违反本条例的规定，有下列行为之一的，由县级以上地方人民政府房地产行政主管部门责令限期改正，给予警告，并按照本条第二款的规定处以罚款；所得收益，用于物业管理区域内物业共用部位、共用设施设备的维修、养护，剩余部分按照业主大会的决定使用：（一）擅自改变物业管理区域内按照规划建设的公共建筑和共用设施用途的；（二）擅自占用、挖掘物业管理区域内道路、场地，损害业主共同利益的；（三）擅自利用物业共用部位、共用设施设备进行经营的。个人有前款规定行为之一的，处 1000 元以上 1 万元以下的罚款；单位有前款规定行为之一的，处 5 万元以上 20 万元以下的罚款。"因此，在该案中，对物业公司的违法行为，相关部门先给予警告及改正的机会，如物业公司执迷不悟，则应依法由相关部门处以罚款。

此外，业主发现建设单位、物业公司或业主委员会擅自利用共有部分经营的，亦有权依法起诉上述责任主体，要求返还擅自利用期间的不当得利。

小区的共有部分归全体业主所有，业主大会有权依法决定如何利用共有部分。承担管理服务职能的物业公司或业委员会，如欲充分发挥共有部分的作用，应征得业主大会的同意后再行经营，且应尊重业主的知情权，定期公布收支情况。

小区的人防停车场难道不属于业主共有吗？

——谭平

白龙马开发建设了莲花山小区。小区业主成立的莲花山业主委员会先后三次向全体业主公示，其认为地下停车场的相应权属归全体业主，开发商白龙马对地下停车场的出租行为损害了全体业主的利益，并向天庭举报白龙马及小区物业管理公司银角公司对地下停车场的收费违法。

小区业主干脆把地下停车场的出入栏杆拆掉，占用地下停车场停车。银角公司要求小区业主支付停车费时，小区业主表示这是小区共有的停车位，无须交费。现小区业主对地下停车场的使用处于无序状态，亦无人员管理、收费。银角公司协调无效，向白龙马汇报了此事，请示如何处理。

白龙马心想："当初出售莲花山小区房屋时，已经说好了，地下停车场和人防工程地下室都不计入公摊面积，就是专门留着出租的。业主购房时也没有支付这部分面积的费用，怎么现在又来跟我争地下停车场的归属？我收个租金怎么就这么难？我找玉帝评理去！"

白龙马很生气，奔上天庭找到玉帝把莲花山业主委员会的所作所为狠狠地告了一状，要求玉帝帮他确认地下停车场和人防工程地下室的使用管理权和收益权归属。

玉帝召集了莲花山业主委员会、西海建设规划局等单位对该事进行调查，发现小区业主们自行占用的地下停车场实际上包括两类建筑物：一类是未按人防工程标准建设的地下停车场，也叫非人防停车场；另一类是非战时可以作为停车场使用的人防工程地下室。经查明，白龙马当时出售房屋时公摊面积中确实并不包括地下停车场、人防工程地下室，业主支付的购房款中也不包括这些区域的对价，于是确认了白龙马是地下停车场、人防工程地下室的使用管理权人和收益权人，让莲花山业主委员会跟业主们解释清楚，不要再生事端。

🔊 捷高律师有话说

1. 该案的被告为何是莲花山业主委员会?

《中华人民共和国民事诉讼法》第一百一十九条规定:"起诉必须符合下列条件:(一)原告是与本案有直接利害关系的公民、法人和其他组织;(二)有明确的被告;(三)有具体的诉讼请求和事实、理由;(四)属于人民法院受理民事诉讼的范围和受诉人民法院管辖。"

该案中,白龙马提起的为因涉案地下停车场的使用权、收益权发生争议,要求玉帝确认其对涉案地下停车场享有相应物权的物权确认之诉,实为白龙马对外宣示其享有涉案地下停车场的使用权、收益权等权益。莲花山业主委员会作为地下停车场所在小区的社会组织,与地下停车场相应权利的归属具有利害关系,且曾向全体业主公示,认为地下停车场的相应权利应属于全体业主,并向天庭举报,认为白龙马对地下停车场的处分属于违法行为,足以说明白龙马及莲花山业主委员会对地下停车场的权利归属问题存在争议。因此,莲花山业主委员会作为被告是适格的。

2. 什么是人防工程?

"人防工程"全称为"人民防空工程",是指为保障战时人员与物资掩蔽、人民防空指挥、医疗救护而单独修建的地下防护建筑,以及结合地面建筑修建的战时可用于防空的地下室。人防工程是防备敌人突然袭击,有效地掩蔽人员和物资,保存战争潜力的重要设施;是坚持城镇战斗,长期支持反侵略战争直至胜利的工程保障。

居民小区的人防工程一般由各级人防办以城市总体规划为依据,结合人口密度、地面和地下规划及使用功能的要求等,编制人防地下室建设规划,由建设单位负责修建,所需的资金和材料列入建设项目的设计任务书和概(预)算之内,纳入基本建设投资计划,人防工程的建筑面积不计入规划建筑容积率的指标。

3. 人防工程的所有权归谁?

《民法典》第二百五十四条第一款规定:"国防资产属于国家所有。"

《国防法》第四十条第一款规定:"国家为武装力量建设、国防科研生产和其他国防建设直接投入的资金、划拨使用的土地等资源,以及由此形成的用于国防目的的武器装备和设备设施、物资器材、技术成果等属于国防资产。"

虽然莲花山小区的人防工程地下室是按照人防工程标准建造,但不是由国家投资、划拨土地而形成,而是由房地产开发商自筹资金取得土地使用权并以自有资金开发建设的,所以居民小区的人防工程并不属于国防资产。

《民法典》第二百三十一条规定:"因合法建造、拆除房屋等事实行为设立或者消灭物权的,自事实行为成就时发生效力。"开发商是最初的建造者,所有权可以依照建造的事实行为取得。因此,在建筑物尚未销售之前,人防工程应当归开发商所有,而在建筑物销售开始之后,应根据业主是否承担了相应费用的分摊责任来分析。若业主分摊了人防工程的费用,则业主成为投资人,人防工程归全体业主共有;若业主并未分摊人防工程的费用,则人防工程仍应归开发商所有。但是,需要指出的是,人防工程作为国防设施的一部分,战时必须服从防空需要,统一由国家调配使用。

4. 人防工程地下室的使用管理权、收益权归谁?

《人民防空法》第五条规定:"国家对人民防空设施建设按照有关规定给予优惠。国家鼓励、支持企业事业组织、社会团体和个人,通过多种途径,投资进行人民防空工程建设;人民防空工程平时由投资者使用管理,收益归投资者所有。"该规定简单地说就是"谁投资、谁使用、谁收益"。白龙马作为莲花山小区人防工程地下室的投资人,依法享有人防工程地下室的使用管理权、收益权。

5. 非人防工程的地下停车场的归属及使用管理权、收益权如何处理?

《民法典》第二百七十五条第一款规定:"建筑区划内,规划用于停放汽车的车位、车库的归属,由当事人通过出售、附赠或者出租等方式约定。"

莲花山小区非人防工程的地下停车场未计入小区公摊面积,业主也未支付相应对价,该部分物业收入应属于开发商白龙马所有。白龙马作为出卖方,未将地下停车位、车库出售或附赠给买受方(业主),因此,莲花山小区非人防工程地下停车场的使用管理权和收益权应归白龙马所有。

素

"
合同编

我花几十万元却买了一套被查封的房子

——谭国炽

2017年2月,黄风怪通过房屋中介看中了火焰山龙腾花园的一套房屋,房屋业主系铁扇公主。2月10日,黄风怪作为买方,与卖方铁扇公主、房屋中介三方签订了买卖合同,约定铁扇公主将该套房屋出售给黄风怪,建筑面积为125.28平方米,房屋价款638 000元,定金50 000元,中介费5 000元。

2017年6月,黄风怪经查询得知,该房屋因卖方铁扇公主与他人之间存在民间借贷纠纷诉讼案件,在2017年3月6日已被天庭依法采取保全措施;同年6月,该房屋因为没有及时偿还房屋贷款,被银行诉至天庭,并再次被天庭采取保全措施。得知该情况后,黄风怪立即联系铁扇公主,但已无法取得联系。

此时,由于政策影响,火焰山的房地产业向好,房屋单价从每平方米5 000元涨至近万元,将近翻了一番。

为维护自己的合法权益,黄风怪将卖家铁扇公主和房屋中介告上天庭,要求解除合同,退回已支付的定金和中介费,赔偿因房价上涨和合同违约造成的经济损失550 000元,并依照合同约定,由二被告承担该案所支出的保全费、诉讼费、律师代理费、评估费等费用。

经过庭审,玉帝全部采纳了原告黄风怪的观点,认为由于涉案房屋已被天庭查封,事实上合同已不可能再继续履行,故对原告解除与二被告签订的买卖合同的请求予以支持。

对于原告黄风怪主张的实际损失,因被告铁扇公主违约导致原告购买涉案房屋的合同目的不能实现,受火焰山2017年以来房价上涨因素的影响,导致原告在相同地段以相同的价格已购买不到相同品质的房屋,由此造成了差价损失,该损失属于因被告铁扇公主违约造成原告的损失。对于房屋差价损失,原告黄风怪提供其于 2017 年 6 月 22 日在同一楼盘购买房屋的商品房买卖合同予以佐证，玉帝对该商品房买卖合同予以采信，根据该商品房买卖合同，原告黄风怪主张的房屋差价损失 550 000 元玉帝予以确认。

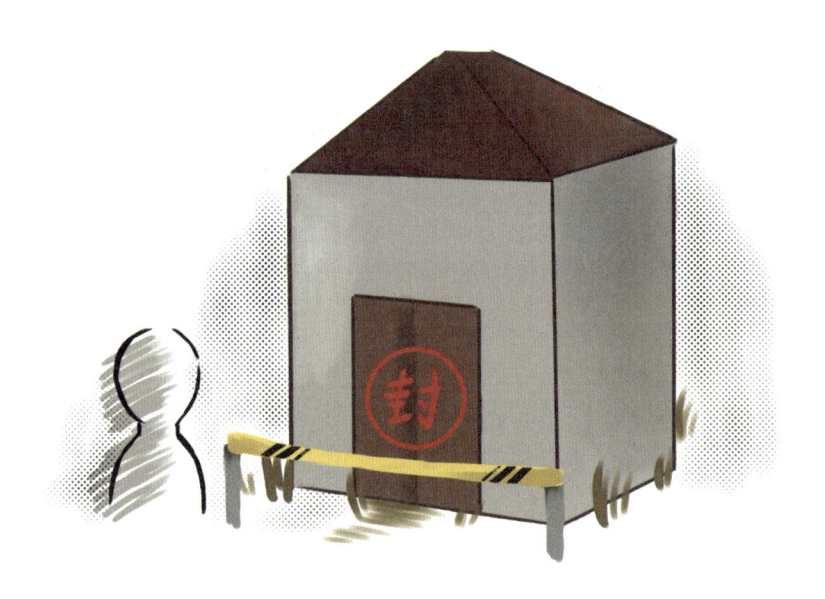

捷高律师有话说

该案系典型的因为标的房屋被法院查封或采取保全措施导致房屋买卖合同无法继续履行、合同目的无法实现的案件。前事不忘后事之师，在日常生活中，应如何避免这类案件的发生？

第一，尽量避免买到权利瑕疵的房屋。①要求卖方提交房屋交易时的产权查询记录，如记录清洁无抵押则可放心交易，如存在抵押则应慎重考虑。②要求卖方在买卖合同中承诺、担保房屋所有权的完整性，约定因被查封、保全及其他原因导致房屋不能交易、合同目的不能实现的违约责任。③由于现实中常常是价款交易与房屋产权的真正转移存在一定时间差，在这段时间内，买方务必及时监控房屋权利情况，定期要求卖方提供其在不动产登记中心查询房屋权利的结果。

第二，发现房屋存在权利瑕疵时的应对。①及时与卖方联系沟通，要求卖方提供其他担保或者以其他形式保障合同目的的实现。②如无法联系上卖家或经沟通无法与卖家达成一致，则应像案例中的原告一样，及时采取法律措施，通过起诉维护自己的合法权益。

对因涨价导致的差价应如何认定？在这类案件中，由于房价的上涨，合同的实际损失往往无法覆盖买方因卖方违约行为失去交易机会造成的损失，因此，该实际损失的确定亦成了关键。在诉讼时，可通过以下形式确定损失：①以同一楼盘或附近条件类似楼盘诉讼时的平均单价为准。②申请房屋价格鉴定。

值得注意的是，不仅所买房屋被查封可要求补偿差价，开发商或卖方因房价看涨不肯以原合同价格交易而解除合同的，亦可以通过诉讼或其他途径要求补偿差价。

帮你打赢官司后竟然不付律师费？

——李慧华

百花羞偶然发现丈夫奎木狼竟然跟玉兔精同居，奎木狼还给了玉兔精大把的票子，买了房和车。她十分气愤，决心把这些原本属于自己的东西拿回来。但是具体该怎么做她不知道，就前往天宫律师事务所向律师太白金星咨询。

针对百花羞提出的问题，太白金星详细解释了一番。百花羞发现，不聘请律师可能这些东西全都要不回来，便作为乙方与甲方天宫律师事务所签订《民事委托代理合同》，委托天宫律师事务所代理其与奎木狼、玉兔精纠纷一案。该代理合同约定："前期律师费 20 000 元，后期律师代理费按甲方追回总金额的 15% 提取。"

签订代理合同并收取前期律师费后，作为指派律师，太白金星为了这个案件尽职尽责，最终为百花羞争取到判令玉兔精返还 611 000 元、确认奎木狼将上述财产赠与玉兔精的行为无效的相对令人满意的结果。根据《民事委托代理合同》的约定，百花羞应支付律师费 97 586.40 元。但百花羞认为，律师事务所未能成功把玉兔精名下的、她认为是奎木狼赠与的房屋拿回来，不应支付这笔律师费。经过律师事务所催收，百花羞只支付了 50 000 元，剩余款项再也不肯支付。于是，天宫律师事务所将百花羞告上了法庭。审理后，法院支持了天宫律师事务所的诉讼请求，判决百花羞支付律师费 47 586.40 元及逾期付款利息。

捷高律师有话说

这是一个很有意思的案件。听了这个案件之后，很多人都说："怎么？律师事务所竟然也需要起诉客户要钱？"事实上，法律涉及我们日常生活的方方面面。随着社会的发展，经济活动日益频繁，随之而来的纠纷也日益增多，聘请律师、通过法律途径维护自身权益的人也与日俱增。聘请律师到底是否有必要、律师费的支付依据、负担主体等也日渐成为委托律师的人群不得不关注的问题。

1. 民事诉讼中委托律师的意义

（1）提供更有针对性的诉讼策略。律师作为专业的法律从业人员，基于其专业知识和经验，自然能比当事人更精准地判断所涉纠纷的核心和本质问题，给出更加有针对性的诉讼策略，甚至能鉴别出当事人自己制定的错误诉讼策略，从而为当事人提供正确的诉讼指引，能更精确地达到当事人想要达到的诉讼效果或者目的。

（2）获得当事人无法获取的证据。随着我国法治社会建设进程的加快，近年来国家采取了很多措施，保障诉讼当事人的合法权益，其中最明显的一条就是赋予作为诉讼代理人的律师更多的专有权利，如银行、微信、支付宝等平台的资金往来记录，通常只能由律师持法院开出的律师调查令或法院直接调查才可以取得，仅凭当事人往往难以取得诉讼必要的证据。因此，聘请律师能大大提高案件胜诉的概率，达到当事人的诉讼目的。

2. 支付律师费的法律依据

一般而言，聘请律师提供专业协助的当事人，需要与律师事务所签订委托代理合同，这个代理合同属于《民法典》中所规定的"委托合同"。与其他类型的合同一样，如不违反法律禁止性规定，不存在欺诈、胁迫、重大误解，系签署合同各方的真实意思表示，都应受法律保护。

《民法典》第五百零九条第一款规定："当事人应当按照约定全面履行自己的义务。"第二款规定："当事人应当遵循诚信原则，根据合同的性质、目的和交易习惯履行通知、协助、保密等义务。"根据上述规定，依法与律师事务所达成委托代理合同的当事人，在合同约定的付款条件成就时，应当依照合同约定支付律师费。

具体到该案，经法院审查，百花羞与天宫律师事务所签订的《民事委托代理合同》不存在无效或应被撤销的情形，因此属于依法订立的合同，应当依照合同约定履行支付义务。百花羞拒不履行支付义务，天宫律师事务所就有权利按合同约定及法律规定起诉其履行义务并追究其违约责任。

3. 怎样可减轻自己一方的律师费负担？

聘请律师固然对案件更有帮助，但聘请律师产生的成本负担确实也是大部分人会考虑的因素，尤其是在纠纷中不存在过错的当事人，更是觉得不出钱请律师心里不踏实，但出钱请律师又像冤大头。有没有可能让对方或者败诉方当事人负担律师费呢？答案是有可能的。符合表1所列的9种情形，可以由败诉方承担律师费。

表1 由败诉方承担律师费的情形与法律依据

序号	情形	法律依据
1	签订合同时明确约定律师费由违约方承担	《民法典》第一百一十九条规定："依法成立的合同，对当事人具有法律约束力。"
2	网络侵权案件	《最高人民法院关于审理利用信息网络侵害人身权益民事纠纷案件适用法律若干问题的规定（2020修正）》第十二条第一款规定："被侵权人为制止侵权行为所支付的合理开支，可以认定为民法典第一千一百八十二条规定的财产损失。合理开支包括被侵权人或者委托代理人对侵权行为进行调查、取证的合理费用。人民法院根据当事人的请求和具体案情，可以将符合国家有关部门规定的律师费用计算在赔偿范围内。"
3	虚假诉讼、恶意诉讼等非诚信诉讼行为	《最高人民法院关于进一步推进案件繁简分流优化司法资源配置的若干意见》中第二十二条规定："引导当事人诚信理性诉讼。加大对虚假诉讼、恶意诉讼等非诚信诉讼行为的打击力度，充分发挥诉讼费用、律师费用调节当事人诉讼行为的杠杆作用，促使当事人选择适当方式解决纠纷。当事人存在滥用诉讼权利、拖延承担诉讼义务等明显不当行为，造成诉讼对方或第三人直接损失的，人民法院可以根据具体情况对无过错方依法提出的赔偿合理的律师费用等正当要求予以支持。"
4	侵犯知识产权的案件	著作权、专利、商标等侵权案件，被侵权方可依据《最高人民法院关于审理著作权民事纠纷案件适用法律若干问题的解释（2020修正）》第二十六条、《专利法》第七十一条、《商标法》第六十三条的规定，要求对方赔偿权利人为制止侵权行为所支付的合理开支。在审判实务中，该规定的"合理开支"包括合理的律师费支出。

续表

序号	情形	法律依据
5	不正当竞争案件	《反不正当竞争法》第十七条第三款规定："因不正当竞争行为受到损害的经营者的赔偿数额，按照其因被侵权所受到的实际损失确定；实际损失难以计算的，按照侵权人因侵权所获得的利益确定。经营者恶意实施侵犯商业秘密行为，情节严重的，可以在按照上述方法确定数额的一倍以上五倍以下确定赔偿数额。赔偿数额还应当包括经营者为制止侵权行为所支付的合理开支。"
6	债权人行使撤销权诉讼案件	《民法典》第五百四十条规定："撤销权的行使范围以债权人的债权为限。债权人行使撤销权的必要费用，由债务人负担。"在审判实务中，该规定的"必要费用"包括合理的律师费。
7	环境公益诉讼案件	《最高人民法院关于审理环境民事公益诉讼案件适用法律若干问题的解释（2020修正）》第二十二条规定："原告请求被告承担以下费用的，人民法院可以依法予以支持：（一）生态环境损害调查、鉴定评估等费用；（二）清除污染以及防止损害的发生和扩大所支出的合理费用；（三）合理的律师费以及为诉讼支出的其他合理费用。……"
8	商事仲裁案件	《中国国际经济贸易仲裁委员会仲裁规则》五十二条第（二）项规定："仲裁庭有权根据案件的具体情况在裁决书中裁定败诉方应补偿胜诉方因办理案件而支出的合理费用。……"
9	担保权诉讼案件	《民法典》第三百八十九条规定："担保物权的担保范围包括主债权及其利息、违约金、损害赔偿金、保管担保财产和实现担保物权的费用。当事人另有约定的，按照其约定。"

需要重点指出的是，如果不想自己在不存在违约情形的时候负担律师费，完全可以在合同中增加一句"一方违约的，守约方因维权产生的费用（包括但不限于诉讼费、律师费、保全费等）由违约方承担"。当然，由于合同义务是相互的，加上这句话之后，如果自己成为违约一方，在真正面临诉讼的时候自然也要承担违约责任和律师费。

诚实信用是我国民事活动的基本原则。双方订立的合同，只要符合法律规定，就应本着契约精神诚信履约。如果在履行过程中情况发生变化，则双方应好好协商，争取与对方协商解决，尽量避免违约情况的发生。如果对方违约，则可以通过发送律师函、起诉等方式，及时维护自己的合法权益。

租客头也不回地跑了，我该怎样收回房子？

——胡婷婷

　　唐僧一行前往西天取经时，路过号山枯松涧，觉得此处景色优美、环境舒适，决定在此歇一歇。于是，孙悟空作为代表，与红孩儿签订了租赁合同，约定红孩儿把自己的洞府火云洞租给孙悟空等人，租期一年、租金若干、每月15日前交租金，而且如果超过两个月不交租金，红孩儿有权终止合同。

　　合同签订后，孙悟空依约履行了半年合同。半年后，唐僧决定继续赶路，师徒4人离开了火云洞，再次踏上西天取经之路。但是，孙悟空忘记跟红孩儿解除租赁合同了。红孩儿两个月都找不到孙悟空要租金，准备自行把洞府收回来。土地公公在旁指点红孩儿："那个猴子不好惹啊，你还是走法律程序解除合同吧！"

　　于是，红孩儿委托律师催收租金未果后，发出解除合同并限期孙悟空搬走、退房的通知。之后，为避免孙悟空翻脸倒打一耙，红孩儿还是一纸诉状将其告上了天庭，要求确认双方租赁合同已于解除合同通知书到达孙悟空之日起解除，并要求孙悟空支付拖欠的租金及合同解除后的房屋占用费。玉帝以孙悟空逾期2个月不交租金符合合同解除的条件为由，支持了红孩儿的全部诉讼请求。

捷高律师有话说

　　房东如果遇到红孩儿出租房屋的这种情况，该怎么办呢？不用着急，可以行使合同解除权依法收回房屋。

1.什么是合同解除权?

合同解除权指合同当事人依照合同约定或法律规定享有的解除合同的权利。它的行使直接导致合同权利义务消灭的法律后果。

2.如何行使合同解除权?

其一,合同中应当约定解除合同的条件或情形,即在什么情况下,一方当事人可以解除合同。那么,当约定的条件或情形出现时,合同一方即享有合同解除权,决定解除合同还是要求对方继续履行合同。

其二,如果合同没有约定解除权,当出现《民法典》第五百六十三条规定的情形时,当事人也可以解除合同。

其三,合同出现解除情形时,并不代表合同自动解除。享有解除权的一方决定解除合同后,应当通知对方当事人,通知的方式可以是口头通知,也可以是书面通知,但从证据保全的角度来说,捷高律师建议大家尽量采取书面的形式通知对方当事人。

解除通知到达对方当事人时,该合同即解除。因此,从保障合同解除权行使的角度而言,在合同中应当约定双方当事人有效的通信地址,以方便相关文书送达。

3.合同解除必须通过法院确认吗?

合同解除权为形成权,合同自解除合同的通知到达对方时解除,若通知留有一定期限给对方自觉履行的,期限届满之时对方尚未履行,合同自期限届满时解除。因此,简单地说,符合法律规定的单方解除不需要通过法院确认。

4.对合同解除有异议如何救济?

合同一方行使了解除权后,另一方对解除合同有异议的,可以向法院提起确认之诉,确认该合同是否应该解除。但是,对方提出异议有时间限制。如果双方约定了异议期间的,对方应该在异议期间向法院起诉;如果双方对异议期间没有约定的,在解除合同通知到达起3个月以后才向法院起诉的,法院将不会予以支持。

该案中,红孩儿在租赁合同中约定了孙悟空超过两个月不交租金,就可以解除合同。因此，在孙悟空连续两个月未交租金的情况下，红孩儿通知其解除合同，在解除通知书到达孙悟空留下的通信地址时，双方的租赁合同就解除了。玉帝也是如此判决，而非确认双方的租赁合同自判决书生效之日起解除。因此，在合同约定解除的条件或情形出现后，解除权人依法行使合同解除权，即可达到解除合同的目的。

5. 新冠疫情期间房租是不是都该减免？

新型冠状病毒肺炎疫情（以下简称"新冠疫情"）防控期间，很多人都因无法按期返工而没有收入来源，为了共克时艰，多地推出减免租金的政策，那么这些政策是否对所有租户都适用呢？答案是否定的。虽然新冠疫情的发生是当事人无法预见或避免的，但并不是所有个案条件都符合法律意义上的不可抗力条件。

针对个人承租用于日常居住的房屋，一般不能因此要求房东减免房租或解除租赁合同。承租人支付租金的对价在于享有对租赁房屋的使用权、居住权等权益。新冠疫情发生后，短期的迟延复工、延长春节假期，并不会造成承租人无法继续使用房屋的情况，在个案上一般无法构成不可抗力或情势变更。

而针对具有经营性质的租赁场所，由于国家相关部门的行政管控不可使用或经营的，可以免除租金；仍可继续使用，只是受到新冠疫情影响不利于经营的，可以要求减少部分租金。

所以，在新冠疫情期间是否该减免房租，应该根据不同的情况客观分析，合理合法地处理。要知道，每个人都有权利依法处置自己的财产，不应以新冠疫情为由对他人进行道德绑架。

欠费还能赶走物业，这是什么操作？

——黄洁梅[*]

虾兵想改善居住环境，便花了半生积蓄在莲花山小区买了一套房子，经过简单装修就搬了进去，准备开始舒适无忧的新生活。然而理想很丰满，现实很骨感，入住不久虾兵和其他业主就发现，小区的管理让他们非常糟心。为小区提供物业管理服务的银角物业公司并没有积极履行其职责，小区管理存在各种问题，物业服务也不到位。

业主们对物业公司十分不满，开始拒绝支付物业费。物业公司以未收齐物业费为由，更加怠于管理小区。虾兵忍无可忍，牵头成立莲花山小区业主委员会（以下简称"莲花山小区业委会"），意欲解聘银角物业公司，但是银角物业公司以虾兵等业主拖欠物业费为由，拒绝离场。

莲花山小区业委会遂起诉至法院，请求终止与银角物业公司的前期物业管理协议，并且要求银角物业公司交付所有物业管理资料。

玉帝开庭审理了此案，最终判决："一、确认虾兵等业主与银角物业公司签订的《前期物业管理服务协议》已经终止；二、银角物业公司在本判决生效之日起30日内向莲花山小区业委会交付物业管理所必需的资料。"

捷高律师有话说

1. 为什么在业主拖欠物业费的情况下，还可以成功让物业公司离场？

《民法典》第二百七十八条规定："下列事项由业主共同决定：……（四）选聘

---

[*] 黄洁梅，广东捷高律师事务所执业律师，专注于行政复议与诉讼、职务犯罪、婚姻家事、公司股东、城市更新等领域。

和解聘物业服务企业或者其他管理人……"

《民法典》第二百八十条第一款规定:"业主大会或者业主委员会的决定,对业主具有法律约束力。"

《民法典》第九百四十六条第一款规定:"业主依照法定程序共同决定解聘物业服务人的,可以解除物业服务合同。决定解聘的,应当提前六十日书面通知物业服务人,但是合同对通知期限另有约定的除外。"

根据前述法律规定,业主拖欠物业费,不构成解聘物业公司的阻碍。业主委员会只需经业主大会同意,就可以作出解除物业服务合同的决定,在该决定到达物业公司时,该解除决定生效。

该案中,虾兵等业主召开了业主大会,选举产生莲花山小区业委会。莲花山小区业委会依法作出要求银角物业公司离场的决定后,虾兵等业主与银角物业公司签订的《前期物业管理服务协议》已经终止,银角物业公司应当退出对小区的物业管理服务。

2. 物业公司离场后,业主是否就不需要支付拖欠的物业费呢?

《民法典》第九百四十四条规定:"业主应当按照约定向物业服务人支付物业费。物业服务人已经按照约定和有关规定提供服务的,业主不得以未接受或者无须接受相关物业服务为由拒绝支付物业费。业主违反约定逾期不支付物业费的,物业服务人可以催告其在合理期限内支付;合理期限届满仍不支付的,物业服务人可以提起诉讼或者申请仲裁。物业服务人不得采取停止供电、供水、供热、供燃气等方式催交物业费。"

根据该条规定,业主负有按照约定支付物业费的义务,物业公司提供了物业服务,有权要求业主支付相应的物业费。因此,物业公司在离场后,仍然有权就拖欠的物业费向业主主张权利。

当然,如果物业公司不履行或者不完全履行物业服务合同约定的或者法律、法规规定的义务,业主可以依法请求物业公司承担继续履行、采取补救措施或者赔偿损失等违约责任。

物业公司应勤勉尽责,否则业主有权共同决定解聘物业公司。另外,如果物业公司确实提供了物业管理服务,业主也应当自觉支付物业管理费用。

用"双合同"规避政策,没门!

——胡婷婷

众所周知,在取经的路上,猪八戒一直心心念念想着高老庄的高翠兰。好不容易完成了取经事业,猪八戒便马不停蹄地赶往高老庄,一心只想与高翠兰过小日子。猪八戒心想,当初自己一无所有才迫不得已做上门女婿,而现在自己已经算是小有成就了,怎么也不能空手回去。

想着想着,猪八戒一拍大腿一咬牙,决定买套房子,便找了开房地产公司的沙僧。俩人经一番合计,签订了两份合同,一份是商品房买卖合同,另一份则是房屋装修合同。

在递交资料办理网签时,土地公公发现合同存在问题,随即叫来二人核实,发现上述两份合同签订后,猪八戒支付了装修款和房价款,沙僧的房地产公司和装修公司也出具了发票,但该装修款是支付到房地产公司的,而根据双方签订的商品房买卖合同约定,该房的装修义务主体是房地产公司,所以有理由相信,猪八戒和沙僧其实是将该房交易价格款拆分为两部分,分为买卖合同价款和装修价款,有规避法律政策、逃避税收的嫌疑,损害了社会公共利益。

因此,猪八戒与装修公司签订的装修合同为虚假意思表示,且有违法嫌疑,应为无效。沙僧理应退还购房款或与猪八戒重新签订商品房买卖合同。

◀ 捷高律师有话说

2018年,闹得沸沸扬扬的某明星"阴阳合同"涉税案,相信大家至今仍有印象。那么,"阴阳合同"究竟是什么意思呢?与该案中的"双合同"又有何区别?

1. "阴阳合同"和"双合同"的区别

"阴阳合同"（又称"黑白合同"），是指当事人就同一事项订立两份以上的内容不相同的合同，一份对内，一份对外，其中对外的合同（"阳合同"）并不是双方的真实意思表示，而是以逃避国家税收等为目的的合同；对内的合同（"阴合同"）则是双方的真实意思表示，书面或口头约定均可。

"双合同"大多是房地产开发公司为了规避房价调控政策、逃避税收，实现买卖房屋的目的而签订的"买卖合同＋装修合同"，两份合同的价格相加才是购房者的总房款金额。从表面上看，两份合同都是双方当事人的真实意思表示，理应合法有效，但实际上装修合同并不会真正履行，其真实意思表示仍然是为了购房，而不是装修。双方当事人之所以签订装修合同，是为了规避国家政策、逃避税收，该行为有损国家公共利益。所以，装修合同事实上属于"以合法形式掩盖非法目的"，理应被认定为无效，但是装修合同中所隐藏的真实意思表示仍然是需要履行的。

《民法典》第一百四十六条规定："行为人与相对人以虚假的意思表示实施的民事法律行为无效。以虚假的意思表示隐藏的民事行为的效力，依照有关法律规定处理。""阴阳合同"和"双合同"都存在以虚假意思表示隐藏真实民事行为的情形，其所隐藏的民事行为是否有效，应根据该行为自身的效力要件进行判断，符合生效要件的则有效，否则属于无效行为。

2. 被认定为无效的装修合同还要继续履行吗？装修合同中所隐藏的民事行为是什么？

装修合同被认定为无效之后，当然无须继续履行"装修"行为和支付"装修款"。双方当事人签订装修合同所隐藏的民事行为是为了交易商品房，只是将房款拆分为两部分而已，所以应当按照两份合同的交易价款来认定真实的购房款金额，结果就是双方签订装修合同的行为后果会由真实的合同即买卖合同来承接。

3. "双合同"有什么法律风险？

对于购房者而言，双合同意味着购房款的金额减少了，而商品房买卖合同中约定的违约金一般以购房款作为基数计算，基数变少了，如果开发商违约（如逾期交房、逾期办证），购房者可以获得的违约金就会减少，违约金的惩罚性作用就会大大削弱。

对于开发商而言，面临着与购房者同样的违约金减少的问题。此外，如果装修合同被认定无效，而开发商又不能证明双方真实的意思表示，真的有可能需要向购房者退还装修款，这意味着应收的购房款会少收一部分。

对于名义上的装修公司而言，由于装修公司与购房者签订装修合同，如果房屋装修出现问题，购房者可以依据装修合同要求装修公司承担相应的赔偿责任，而免除了开发商对房屋装修部分的保修责任，无形中装修公司不但没有收到钱，而且要为开发商承担相当程度的保修责任。

向"霸王条款"说"不"！

——胡婷婷

自从被孙悟空打了三顿以后白骨精变得老实多了，再也不敢为非作歹。日子总要过下去，所以作为妖界美女的白骨精决定凭借自身优势成立纤体公司，自己担任公司代言人拍摄纤体广告招揽顾客。代言广告一出，便吸引了众多女士前来光顾。

玉兔精看见广告后，亦前来购买了纤体公司价值10万元的美容美体尊贵疗程，并与纤体公司签订了服务协议，由纤体公司为玉兔精定制美容美体服务，为期3～12个月。服务协议还约定了玉兔精不能有任何懈怠的态度，也不能有违反或放弃方案及进程的行为，如果经纤体公司善意提醒而未有改善的，纤体公司有权终止对玉兔精的服务，玉兔精不得要求纤体公司退赔任何费用等条款内容。

玉兔精在纤体公司进行了几次纤体服务后，非但体重未减，反而多次感到身体不适。为此，玉兔精多次与纤体公司交涉、调整服务内容，但仍未得到任何改善。因此，其对纤体公司的服务失去信心，再也没有到纤体公司享受服务。

心灰意懒的玉兔精眼看着与纤体公司约定的服务期限已经到期了，内心十分不忿，花了巨款购买了服务，一点效果都没有，难道要这样白白"便宜"了纤体公司吗？玉兔精越想越不甘心，决定起诉纤体公司，要求其退还服务费。而白骨精作为纤体公司的法定代表人前来应诉，声称双方所签订的服务协议已经到期，且玉兔精在服务期内自动放弃接受服务，故按双方协议约定不存在退款的理由，不同意退款。

玉帝听取双方陈述并查看相关证据后认为，玉兔精只接受了纤体公司不足一个月的服务便不愿意继续接受对方服务，但因达到瘦身的服务效果需要玉兔精的配合，并且需要一定的时间，纤体公司已经针对玉兔精的情况定制了服务项目并积极提供服务，玉兔精在不能证明纤体公司有违约行为或过错的情况下单方面放弃服务导致协议未能继续履行，玉兔精应当承担相应的违约责任。

但双方签订的服务协议规定，如玉兔精放弃或不按照纤体公司的安排接受服务，则不退回任何费用，该条款属于格式条款，加重了玉兔精的责任，排除了玉兔精的权利，明显对玉兔精显失公平，属无效条款。玉帝综合上述情况，判决纤体公司在扣除已提供的服务项目费用及玉兔精应当承担的违约金后，将剩余费用退还给玉兔精。

捷高律师有话说

1. 格式条款是什么？

《民法典》第四百九十六条规定："格式条款是当事人为了重复使用而预先拟定，并在订立合同时未与对方协商的条款。"在生活中，较为常见的保险合同、拍卖成交确认书及各种APP安装成功后需要用户点击确认的"隐私政策"文件等，都充斥着大量格式条款。

在该案中，玉兔精与纤体公司签订的合同属于预付款服务合同，这类合同设定了消费者预先支付全部费用、经营者分期分次提供商品或服务的预付式消费模式，如果经营者提供的格式条款载明"若消费者单方终止消费，则经营者对已经收费但尚未提供商品或服务部分的价款不予退还"的，该类格式条款违反我国《民法典》和《消费者权益保护法》的相关规定，应属无效。

2. 格式条款的利与弊

一方面，格式条款在商事活动中具有积极意义，一是可以简化缔约手续、减少缔约时间，从而降低交易成本，提高生产经营效率；二是可以事先分配当事人之间的利益，预先确定风险分担机制，增加对生产经营预期效果的确定性，从而提高生产经营的计划性，促进生产经营的合理性。

另一方面，格式条款的普遍使用也易产生严重的弊端。格式条款大多以垄断为基础，由于格式条款提供者处于垄断地位，合同相对人往往处于别无选择的境地，因而格式合同提供者一方可能把不公平条款强加于对方当事人，如不合理地扩大自己的免责范围、规定对方必须放弃某些权利等，而格式条款的普遍使用又在一定程度上助长了垄断现象。格式合同的利用，有时只能保障合同提供方的契约自由，同时极大地限制了合同相对方的契约自由，格式条款的使用，容易产生不公平的结果。

3.《民法典》中关于格式条款的规定

《民法典》第四百九十六条至第四百九十八条对格式条款的以下几个方面进行规定：

（1）采用格式条款订立合同的，提供格式条款的一方应当遵循公平原则确定当事人之间的权利和义务。

（2）格式合同的提供方有提示或说明的义务。提供格式条款的一方应采取合理的方式提请对方注意免除或者限制其责任的条款，按照对方的要求对该条款予以说明。

（3）格式条款凡是具备合同绝对无效条件之一的，一律无效；凡是规定造成对方人身伤害而予以免责的，规定因故意或重大过失给对方造成财产损失而予以免责的条款的一律无效；凡是免除提供格式条款一方当事人主要义务，排除对方当事人主要权利的，一律无效。

（4）对格式条款的理解发生争议的，应当按照通常的理解予以解释。对格式条款有两种以上的解释的，应当作出不利于提供格式条款一方的解释。

（5）约定条款优先原则。格式条款和约定条款不一致时，应当采用约定条款。

综上，该案中的纤体公司在服务协议书上设定的"余款不退"的条款系由纤体公司预先打印拟定的格式条款，而且综观服务协议及声明书的内容，服务协议、声明书仅对玉兔精的权利进行了约束，而丝毫没有诸如是否需达到服务效果、纤体公司在无法达到服务效果时是否应承担责任、纤体公司在不能提供相应服务时应承担何种责任等对纤体公司的权利进行相应约束的约定。

而作为消费者的玉兔精一旦预付了服务期内的所有费用，即使对服务效果不满意也无法放弃接受服务。显然，提供格式条款的纤体公司并未遵循公平的原则来确定其与玉兔精之间的权利和义务，服务协议及声明书中关于玉兔精放弃服务不退回任何费用的约定明显加重了玉兔精的责任，排除了玉兔精的权利，这些约定条款应属无效。

由于格式合同的使用率比较高，具有普遍的使用价值，又有容易引起纠纷的弊端，因此法律对格式合同不能采取一概否认或一概认同的态度，只有在合同订立的过程中，依照《民法典》的规定，公平合理地使用格式条款，才能实现对格式合同兴利抑弊的目的，保护相对人的利益，提高合同的履行率，保证交易安全，顺利实现双方当事人的经济利益。

万万没想到，转让自有债权还要注意这些事项

——胡婷婷

最近，沙僧经营的房地产开发公司遇到了资金困难，迫于无奈只能向大师兄孙悟空借钱周转。孙悟空也是爽快之人，二话不说就将1000万元转入沙僧的银行账户。沙僧向孙悟空出具了借条，将其自有的一套房屋作为抵押并办理了抵押登记，承诺6个月后必定会归还借款。

可是，6个月过去了，沙僧只归还了400万元后再无力还款。无奈之下，沙僧只能与猪八戒商讨，让猪八戒为其剩余未还的借款做保证人，希望孙悟空再宽限一段时间。孙悟空念在昔日同门的情分上答应了。但是过了没多久，孙悟空也出现了资金问题，只能将对沙僧的债权转让给托塔天王李靖，并将债权转让通知书邮寄给沙僧和猪八戒，沙僧和猪八戒也签收了送达回执。

一年后，沙僧仍无力归还借款，李靖只能将其诉诸天庭，要求沙僧归还剩余借款，并按银行同期贷款利率的4倍计算利息。若沙僧无力归还，李靖主张在保障顺位在先的抵押权人优先受偿的前提下，对沙僧抵押的房屋变卖、拍卖所得的价款享受优先受偿权，或要求猪八戒对沙僧不能清偿的债务及利息承担连带保证责任。

对于李靖的诉求，沙僧和猪八戒均无异议，玉帝查明后亦认为，有借款协议和转账记录，足以证明该借款事实。而沙僧也以自有房屋为借款办理了抵押登记手续，抵押权人是孙悟空。但孙悟空已将债权转让给了李靖，也通知了债务人沙僧，有送达回执予以证明。虽然抵押权人仍登记的是孙悟空，但该抵押权是因借款而存在的，借款为主债权，抵押权为从债权，当主债权转让时，从债权理应一并转让。因此，玉帝对李靖请求对房屋变卖、拍卖所得的价款享受优先受偿权的主张予以支持。

而对于猪八戒提供的保证，玉帝则认为，按照相关法律规定，被担保的债权既

有物的担保又有人的担保，在没有约定或约定不明的情况下，债务人自己提供物的担保，债权人应当先就该物的担保实现债权。因此，判决沙僧在10日内向李靖归还剩余借款并支付相应利息，若沙僧无力归还，李靖对房屋变卖、拍卖所得的价款享受优先受偿权，在房屋价款不足以清偿债务时，再由猪八戒在保证范围内承担连带清偿责任。

捷高律师有话说

1. 什么是债权转让？

债权转让又称债权让与，是指不改变债权关系的内容，债权人通过协议而将其债权全部或部分转移给第三人的行为，但前提必须是拥有有效存在的债权，且债权转让不改变债权的内容。

根据《民法典》第五百四十五条规定，以下三类债权不得转让：

（1）根据合同性质不得转让的合同债权，包括基于个人信任关系而发生的债权，如雇用、委托、租赁等合同所生债权；专为特定债权人利益而存在的债权。

（2）按照当事人的约定不得转让的债权。当事人在合同中可以特别约定禁止相对方转让债权的内容，该约定同其他条款一样，作为合同的内容，当然具有法律效力，因而此种债权不具有可让与性。

（3）依照法律规定不得转让的债权。例如：①债务人或担保人为国家机关的不良债权；②经国务院批准列入全国企业政策性关闭破产计划的国有企业债权；③国防、军工等涉及国家安全和敏感信息的债权及其他限制转让的债权。

2. 债权转让是否需要债务人或保证人同意？

《民法典》第五百四十六条规定："债权人转让债权，未通知债务人的，该转让对债务人不发生效力。债权转让的通知不得撤销，但是经受让人同意的除外。"

《民法典》第六百九十六条规定："债权人转让全部或者部分债权，未通知保证人的，该转让对保证人不发生效力。保证人与债权人约定禁止债权转让，债权人未经保证人书面同意转让债权的，保证人对受让人不再承担保证责任。"

因此，孙悟空将债权转让给李靖时，不需要债务人沙僧同意，也不需要保证人猪八戒同意，只要向沙僧和猪八戒发出债权转让通知，该债权转让即合法有效。

3. 玉帝所说的"被担保的债权既有物的担保又有人的担保"是怎么回事呢？

其实在同一债权中，可以存在多个担保，而且既可以设定物做担保，也可以由人做担保。就如该案中，李靖拥有的债权上既设定了沙僧的房屋作抵押，也有猪八戒做保证人。

那么，当沙僧不履行到期债务时，假如事先有约定的，李靖应当按照约定实现债权；没有约定或约定不明的，在有债务人的财产作担保时，李靖应当就沙僧的财产担保实现债权。在沙僧的财产不足以清偿全部债务时，猪八戒才需要在保证范围内承担连带清偿责任。

但假如该案中，沙僧并没有以自有财产做担保，而是唐僧以其财产为沙僧做担保，那么在这种情况下李靖可以就唐僧的财产实现债权，也可以要求猪八戒承担保证责任。

在现实的经济活动中，债权转让是很多交易和金融产品的基础，因此对于债权转让交易本身及与此相关的抵押、质押、保证等担保内容的更新都非常值得关注。而《民法典》除了将原有的规定汇集到一起之外，还根据现实情况的发展对原先法律规定作了适当的更新。

房子都租给你了，还要我来维修？

——胡婷婷

白龙马是西海三太子，属于不好好工作就要回家继承产业的富二代。完成了取经事业的他，虽然已升为八部天龙广力菩萨，但总觉得生活没有意思，索性跑回西海当起了房东，一口气出租了30间房子，把收租日编成每月的1～30日，每天睡醒就拿着账本去收房租，玩得不亦乐乎。

某天，一通电话扰乱了白龙马平淡如水的生活。原来，某间出租屋的热水管道因老化而破裂导致漏水，承租人鲤鱼精致电房东白龙马要求他负责维修。白龙马觉得房子已经租出去了，凭什么还要自己维修。维修这么麻烦的事情，白龙马可不想干，毕竟还得去其他房子收租，哪有时间维修？所以白龙马草草几句打发了鲤鱼精，挂了电话继续游去下一家收租。

鲤鱼精对白龙马无所谓的态度十分生气，但迫于漏水问题很严重，没有时间和白龙马争论，只能先自行找维修工人处理问题。待维修完毕后，鲤鱼精拿着维修单据再次找到了白龙马，要求其承担维修费用。但白龙马仍然觉得，房子已经出租了，且在出租的时候设备都是完好的，如今出了问题，应当由鲤鱼精承担。鲤鱼精怎么总是来找麻烦呢？而鲤鱼精却认为白龙马作为出租人，房子是属于他的，房子现今出了问题，白龙马当然要承担房子的维修责任。二人你一言我一语，各执己见，争论了半天仍争论不出个所以然。无奈之下，他们只能跑去天庭，让玉帝裁决。

玉帝听完双方陈述后，认为争论的焦点是白龙马作为房东是否应当承担房屋维修义务，是否应给付鲤鱼精热水管道的维修费用。《民法典》的相关规定明确了出租人应当履行租赁物的维修义务，出租人不履行的，承租人鲤鱼精可以自行维修，维修费用由出租人承担。玉帝判决白龙马给付鲤鱼精维修热水管道的费用。白龙马听完玉帝解析后，对《民法典》关于出租人应当承担的义务有了新的了解，所以对判决心服口服，当场履行判决之余还主动向鲤鱼精道歉。二人握手言和，皆大欢喜。

捷高律师有话说

1.《民法典》对租赁物维修义务是如何规定的？

《民法典》第七百一十二条规定："出租人应当履行租赁物的维修义务，但当事人另有约定的除外。"第七百一十三条规定："承租人在租赁物需要维修时可以请求出租人在合理期限内维修。出租人未履行维修义务的，承租人可以自行维修，维修费用由出租人负担。因维修租赁物影响承租人使用的，应当相应减少租金或者延长租期。因承租人的过错致使租赁物需要维修的，出租人不承担前款规定的维修义务。"

该规定明确了出租人对租赁物有维修的义务，但若是因承租人的过错，如使用、保管不当而导致租赁物需要维修的，出租人则不承担维修义务。

2.《民法典》第七百一十三条与原《合同法》第二百二十一条有何区别？

在《民法典》出台之前，原《合同法》第二百二十一条规定："承租人在租赁物需要维修时，可以要求出租人在合理期限内维修。出租人未履行维修义务的，承租人可以自行维修，维修费用由出租人承担，因维修租赁物影响承租人使用的，应当相应减少租金或相应延长租期。"该规定并未区分租赁物损坏的原因，一律要求出租人承担维修义务，缺乏合理性。《民法典》第七百一十三条在原《合同法》第二百二十一条的基础上增加了"因承租人的过错致使租赁物需要维修的，出租人不承担前款规定的维修义务"的条款，明确规定出租人的维修义务因承租人的过错而免除，对租赁双方都更加合理。

3. 出租人的维修义务标准

其一，租赁物应当具备维修的必要。这是指租赁物发生损毁时，如不维修承租人则不能继续对租赁物进行使用、收益，对承租人产生实际的影响。

其二，租赁物有维修的可能。租赁物虽有维修的必要，但如果已经没有修缮的可能了，就没必要维修了。例如，租赁物是房屋，但被大火烧毁，除非重建，否则不足以继续供人居住，即为无维修的可能。

而承租人对于租赁物损坏的情况，应当及时通知出租人。现实占有、使用租赁物的承租人，对租赁物的现状最为清楚。因此，如果租赁物发生了损坏需要维修的情况，应当在一定的期限内及时通知出租人。

需要提醒承租人的是，在租赁期间，因其实际占有租赁物，对租赁物负有妥善保管、使用的义务。所以，无论是为了自身利益，还是保护出租人权益，都应当妥善保管、使用租赁物，否则根据《民法典》相关规定，若因承租人过错而导致租赁物损坏的，出租人将不再承担维修义务。

是别人把房子弄坏的，怎么又找我维修？

——胡婷婷

上回说到，白龙马与鲤鱼精因出租屋应由谁来承担维修义务的问题闹上了天庭，玉帝向二人解释《民法典》关于租赁物的规定后，二人最终冰释前嫌、重归于好。白龙马也了解了作为包租公需要履行的义务，每天除了挨家挨户收租之外，更积极主动地询问承租人的居住情况、出租屋是否存在需要维修的情形。白龙马的行为获得了一众承租人的认可，他们纷纷称赞其为"西海好房东"。

这天，鲤鱼精又因出租屋损坏需要维修的问题致电白龙马。白龙马接到电话后，立刻前往鲤鱼精家里查看，发现原来是一楼的玻璃窗被打碎了。经询问得知，原来是蟹将的儿子小蟹与其他小伙伴在鲤鱼精家门前打球时，不小心打破了鲤鱼精家的窗户。鲤鱼精看着惴惴不安的小蟹也没有了责怪之心，心想反正玉帝说了，出租人对租赁物有维修义务，玻璃窗坏了，让白龙马来修就好了，不要为难小孩子了。于是，鲤鱼精教训了小蟹几句，就让其离开了，转身便给白龙马致电要求其前来维修窗户。

白龙马听完鲤鱼精的陈述当即被气得"七窍生烟"，心想："这鲤鱼精是怎么回事？出租屋如果是因为自然老化等问题需要维修，我也认了，现在别人把房子弄坏了，怎么又来找我维修呢？"这回，白龙马说什么也不肯维修了，骂骂咧咧地拉上鲤鱼精又去找玉帝理论了。

玉帝召来法学家文曲星，文曲星了解了来龙去脉后，向众人解释：玻璃窗的损坏是属于第三人的侵权行为，白龙马是应当对租赁物进行维修的，但待维修过后可向侵权人小蟹追讨。而明白过来的鲤鱼精随即向白龙马道歉，说自己已经和小蟹说了不追究其责任，所以修复玻璃窗的责任就由自己承担吧。白龙马听完，也同意了由鲤鱼精自行承担维修责任的方案。二人商讨完毕后，便向玉帝及文曲星致谢，又高高兴兴地离开了。

🔊 捷高律师有话说

关于出租人对租赁物的维修义务，前文已经向大家解释清楚了。下面就来聊聊，关于因第三人的侵权行为致租赁物毁坏的法律关系分析。

1. 因第三人侵权行为致租赁物毁坏，出租人是否负有维修义务？

出租人在出租租赁物时，应当保持租赁物在租赁期间符合约定的用途，租赁物出现不符合约定的使用状态时，出租人须对该租赁物进行修理和维护，以保证承租人能够正常使用该租赁物。因此，除非出现《民法典》第七百一十三条第二款规定的"因承租人的过错致使租赁物需要维修的，出租人不承担前款规定的维修义务"事由，否则出租人对租赁物都负有维修义务。

2. 出租人履行维修义务后，是否可向侵权第三人追偿？

答案是可以的。根据《民法典》第二百三十八条规定的"侵害物权，造成权利人损害的，权利人可以依法请求损害赔偿，也可以依法请求承担其他民事责任"及第一千一百六十五条第一款规定的"行为人因过错侵害他人民事权益造成损害的，应当承担侵权责任"，白龙马作为房屋的所有权人，在房屋因第三人的过错导致损坏时，有权向第三人追偿。

3. 鲤鱼精作为承租人，是否可以向小蟹主张权利？

承租人基于承租权而对房屋具有使用、收益的权利，当第三人的行为影响其承租权时，承租人基于占有人的地位，可以相应地请求排除妨碍、损害赔偿，但承租人所主张的权利范围仅限于因占有地位享有的权利，而不得主张属于所有权人的权利。

在该案中，因小蟹的过错造成玻璃窗破碎时，鲤鱼精基于承租人的身份对房屋具有使用、收益的权利，可以要求小蟹承担赔偿责任，但鲤鱼精不是房屋的所有权人，其没有处分房屋的权利，因此鲤鱼精是不能代替白龙马做主免除小蟹的侵权责任的。

但在故事结尾时，鲤鱼精已经表示愿意自行修复破碎的玻璃窗，房屋的所有权人白龙马也同意该方案，二人之间的协议属于当事人意思自治的范围，法律便不多加干预。

需要强调的是，承租人对租赁物往往享有经济利益，也可能存在生活精神利益，故租赁物或租赁关系受到侵害时，赋予其全面必要的救济权利，是法律宗旨所指，也是社会利益所系。

维修义务是法律规定出租人的主给付义务，但若以"一刀切"的方式要求出租人承担所有的维修义务，对出租人亦是显失公平。正是出于此种考虑，《民法典》才加入了"因承租人的过错导致租赁物损坏，出租人不承担维修义务"的规定，既明确了出租人的维修义务，也保障了出租人的合法权益。

我的租客换人了，我怎么不知道？

——胡婷婷

为了顺应时代潮流，作为包租公的白龙马，最近搞起了移动支付方式收取租金。虽然少了挨家挨户上门收取租金的乐趣，但也节省了不少时间，可以让白龙马实现"世界这么大，我想去看看"的愿望。

时光荏苒，日月如梭。在外面游历了大半年的白龙马终于回到西海。休整几天后，白龙马决定前往出租房看看各租户的情况及是否有需求。晃晃悠悠的白龙马来到了鲤鱼精的屋前，正准备敲门，却遇上了下班回来的巡海夜叉。巡海夜叉看着白龙马站在自家屋前，便掏出钥匙打开屋门，热情地邀请白龙马进屋。白龙马有点蒙了。这个房子不是租给了鲤鱼精吗？怎么巡海夜叉能开门呢？难道这俩人成了好事？

带着疑问的白龙马进屋坐下后，便迫不及待地问道："你和鲤鱼精在一起是什么时候的事啊？打算啥时候结婚？"被这一连串的问题搞得有点摸不着头脑的巡海夜叉说道："等等，等等，您说这话我就听不懂了，什么和鲤鱼精在一起，可没有这回事啊。这房子我是从鲤鱼精那租过来自己住的。"说罢，还怕白龙马不相信，巡海夜叉翻出与鲤鱼精签订的租赁合同给白龙马看清楚。白龙马拿过来一看，原来鲤鱼精偷偷背着他把房子转租给了巡海夜叉且长达半年之久。

气得跳脚的白龙马立刻召集虾兵蟹将寻找鲤鱼精，找到后又把鲤鱼精拎到玉帝面前，"啪"的一声甩出了两份租赁合同让玉帝评理。玉帝看了看暴怒的白龙马，又看了看理亏的鲤鱼精，瞬间觉得头大，心想："这二人为了出租房的事，都第三回来找我了，真的是没完没了的。"玉帝真的是不想再管了，命人传召文曲星来做解释工作。

文曲星了解清楚后便分析道："这是属于房屋转租的问题，根据有关法律规定，承租人转租房屋给第三人的，须经出租人同意，若承租人未经出租人同意转租的，出租人可解除合同并收回房屋。"

鲤鱼精一听到出租人可以收回房屋立刻慌了神，急急忙忙地向白龙马赔礼道歉，解释自己是因为工作调动不能继续居住在该房屋，但是租赁期还有一年多，暂时不能解除，才想到把房屋转租给巡海夜叉的，至于高出原本租金的那一部分自己可以全给白龙马，只求白龙马不要收回房屋，因为其与巡海夜叉有合同约定，如果违约是要赔高额违约金的。白龙马也是心软之人，在听完鲤鱼精的哭诉后，火气已经消了一大半，便答应了鲤鱼精的要求。玉帝一看俩人又和好了，也是哭笑不得，一挥手打发了众人，背着手扬长而去。

🔊 捷高律师有话说

1. 什么是承租人擅自将租赁物转租给他人？

承租人擅自将租赁物转租给他人是指承租人未经出租人同意而进行的转租。承租人擅自将租赁物转租给他人的行为是违法行为，承租人应赔偿出租人因此所受的损害，出租人也有权终止合同并收回房屋。

2. 若出租人同意承租人转租，但转租期超过承租人剩余租赁期限的怎么办？

《民法典》第七百一十七条规定："承租人经出租人同意将租赁物转租给第三人，转租期限超过承租人剩余租赁期限的，超过部分的约定对出租人不具有法律约束力，但是出租人与承租人另有约定的除外。"

也就是说，除非出租人与承租人对租期另外作出了约定，否则超过部分的租期对出租人不发生法律约束力，而次承租人的租赁权不能对抗出租人。因此，当出租人与承租人的租赁期届满时，出租人即有权收回该房屋。

3. 承租人擅自将租赁物转租应承担的法律后果

承租人经出租人同意，可以将租赁物转租给第三人。承租人转租的，承租人与出租人之间的租赁合同继续有效；第三人对租赁物造成损失的，承租人应当赔偿损失。承租人未经出租人同意转租的，出租人可以解除合同；次承租人因此受到损失的，可要求承租人承担责任。

4. 转租关系中次承租人的法律风险

无论是擅自转租还是经出租人同意的转租，次承租人都可能会面临出租人要求解除合同的困境。

（1）关于擅自将租赁物租给他人的转租，上面已经具体分析，在未经出租人同意的情况下，承租人擅自转租的，承租人与次承租人的租赁合同无效，出租人可以解除与承租人的租赁合同并收回房屋。

（2）关于经出租人同意，将租赁物转租他人，在现实生活中，可能存在承租人从次承租人处收取租金后却不向出租人履行支付租金的义务，甚至连人带钱"不翼而飞"的情况。如果是这种情况，出租人也可以提出解除合同。但对于这种情况，次承租人可以根据《民法典》第七百一十九条的规定，代为向出租人支付租金，继续租赁房屋，对于超出其应付的租金数额，可以向承租人追偿。

需要提醒出租人的是，在知道或者应当知道承租人转租赁房屋，超过6个月未提出异议的，视为同意转租，此后再以承租人未经同意擅自将租赁物转租为由要求解除合同，人民法院将不予支持。

面对拖欠购房款的你，我该怎么办？

——胡婷婷

沙僧自从当了房地产开发商之后，事业可谓蒸蒸日上，一举成为"取经五人组"中最有钱的一员，名副其实的"沙大老板"。这不，刚开始预售的"幸福家园"小区，不到一周的时间，房屋已被抢购一空，让沙老板的银行账户余额又多了几个"0"。

但最近员工上报的一件事却让沙僧头疼不已。事情是这样的，在两年前，沙僧推出了"快乐家园"小区，抢购情况也与现在"幸福家园"一样，百姓生怕买不到中意的房屋，都是迫不及待地交首付款，之后积极配合开发商办理房屋按揭，更有豪气之人全款购房，但偏偏一名在长安街头开酒楼的钱老板在交了首付款后便没了动静，既不办理房屋按揭，又不全款支付。在销售人员再三催促下，钱老板才坦白自己因负债太多，暂时无法办理房屋按揭，但又不想放弃该房屋，所以才一拖再拖，没有将尾款付清。钱老板表示可以与开发商签订欠款协议，承诺在一年内必定会将拖欠的尾款付清，同时约定，在钱老板支付全部尾款后开发商再向其交付房屋，希望开发商予以同意。销售人员知晓后便将此事呈报沙僧审批，沙僧想着自己已经赚了那么多钱了，且百姓购房不易，便答应了钱老板的请求。

但让沙僧万万没想到的是，两年都过去了，钱老板还没来支付购房尾款。这真是让沙僧百思不得其解，从来都是购房者借钱都要争着抢着买房，从没见过钱老板这种人。沙僧都已经答应让其延迟支付尾款了，在欠款期满后又过了一年的时间，钱老板居然还没来兑现承诺，支付尾款。对于这种毫无契约精神之人，沙僧也实在无话可说，便吩咐底下员工，不再为钱老板保留预购的房屋，并向钱老板发出解除合同通知书，告知此事。

怎料，钱老板收到该通知后，反而前往天庭，向玉帝状告沙僧，要求沙僧向其交付房屋，并支付未按时交房的违约金。沙僧一听此事，便立即亲自前来应诉。玉帝听取双方意见并查看证据，认为沙僧在钱老板没有依约支付房款的前提下，享有后履行抗辩权。从欠款合同约定双方履行义务的时间来看，钱老板支付尾款在前，沙僧交付房屋在后。钱老板未履行合同义务，已构成根本违约，沙僧有权与其解除合同，将房屋另售他人。据此，驳回了钱老板的诉讼请求。

捷高律师有话说

该案中，沙僧行使的是后履行抗辩权，钱老板作为买受人违约在先，没有按照约定期限支付房屋价款，虽然买受人逾期付款的数额与出卖人应当交付的房产价值不对等，但房产作为一个不可分割的整体，交付时只能整体一次性交付，不可分割多次交付，故出卖人享有后履行抗辩权，其拒绝交付房产的行为不构成违约。

1.什么是后履行抗辩权？

《民法典》第五百二十六条规定："当事人互负债务，有先后履行顺序，应当先履行债务一方未履行的，后履行一方有权拒绝其履行请求。先履行一方履行债务不符合约定的，后履行一方有权拒绝其相应的履行请求。"

该条规定就是我们常说的后履行抗辩权，是指双务合同中应先履行义务的一方当事人未履行时，后履行的一方有拒绝其请求履行的权利。

2.后履行抗辩权的构成要件

根据上述规定，后履行抗辩权的构成要件如下：

（1）合同的双方当事人要互负债务，也就是说只有在双务合同中才会产生后履行抗辩权。

（2）当事人互负的债务有先后履行顺序，且后履行一方的债务已届清偿期。

（3）后履行抗辩权的行使须有先履行合同债务一方不履行合同债务或者履行合同债务不符合约定。

（4）须为先履行一方当事人应当先履行的债务是可以履行的，如果先履行一方的债务已经不可能履行了，后履行一方当事人行使后履行抗辩权也就失去了意义。

3. 后履行抗辩权中履行不符合约定的界定

后履行抗辩权中的"不履行合同"既可以是先履行一方当事人丧失了履行合同的能力,也可以是该当事人拒绝履行,而"履行不符合约定"包括迟延履行、部分履行、瑕疵履行。

4. 合同解除后,钱老板没有了房子,那么他已经支付的首期房款还能拿回来吗?

根据《民法典》第五百六十六条规定:"合同解除后,尚未履行的,终止履行;已经履行的,根据履行情况和合同性质,当事人可以请求恢复原状或者采取其他补救措施,并有权请求赔偿损失。合同因违约解除的,解除权人可以请求违约方承担违约责任,但是当事人另有约定的除外。主合同解除后,担保人对债务人应当承担的民事责任仍应当承担担保责任,但是担保合同另有约定的除外。"

该案中,因钱老板的违约行为导致合同解除,钱老板应当按照购房合同的约定支付违约金,但并不意味着沙僧可以将所有的购房首付款都作为违约金处理。沙僧在钱老板支付的首期购房款中扣除违约金及必要且合理的支出后,应当将余款退回钱老板。

诚信的本质是契约精神。如果一个人缺乏契约精神,不仅给人不靠谱的感觉,往往也会失去更多的机会。没有契约精神,将寸步难行。

意

"

人|格|权|编

请"键盘侠"放过我吧

——李慧华

近几年，随着网络技术的发展，西游世界的人们越来越多地使用各类社交媒体发布信息，进行社交活动。其中，一个使用范围十分广泛的叫"微部落格"的社交媒体平台有一项"热搜"功能。热搜，实际上是指微部落格用户中搜索频率最高的数个或者数十个关键词，反映了用户的即时关注焦点。

近日，两个关于"伪造西游大学录取通知书"的话题竟然上了热搜，一个是"考生伪造西游大学录取通知书"，另一个热度更高的则是"伪造西游大学录取通知书男生离家出走"。

原来，数日前先是传出一则考生伪造西游大学的录取通知书欺骗家人的新闻。在该消息传播的过程中，不断爆出各种谣言，包括传得沸沸扬扬的考生父亲气成高血压住院、宴请宾客等不实消息。片面的爆料助长了网友们的情绪。网友们在震惊之余开始批判声讨该考生，甚至出现一些过激言论，"考生伪造西游大学录取通知书"冲上了热搜榜。

随着事件的发展，与之相关的另一个话题"伪造西游大学录取通知书男生离家出走"也登上了热搜榜，且热度更高。据悉，涉事考生的父亲称其与儿子因此事发生过争吵，儿子目前已离家数日联系不上，自己则感觉在村里抬不起头。父亲的这种表态使网友的态度发生了转变，不少网友转而批判父亲不关心儿子，儿子都离家出走了还只顾自己的脸面。

因同一件事两次登上热搜，父母、孩子均遭批判，传统媒体年代几乎不可能发生的事情在当今的网络时代却似乎特别寻常。值得人们注意的是，这些热议和评论有相当一部分是基于片面的消息，甚至是基于谣言和主观臆断。从各种评论中不难发现，有些人躲在电脑屏幕前疯狂敲击着键盘发表不实的、过激的言论，这些人被网友们称为"键盘侠"。

📢 捷高律师有话说

1. 网络不当言论是否侵权？侵犯何种权益？

网络并非法外之地，"键盘侠"发表不当言论是否需要负责任呢？答案当然是肯定的。

《民法典》第九百九十条第一款规定："人格权是民事主体享有的生命权、身体权、健康权、姓名权、名称权、肖像权、名誉权、荣誉权、隐私权等权利。"网络不当言论的具体行为方式，可能会侵害他人的名誉权和隐私权。

在该案中，"键盘侠"们对涉事父子的谩骂、侮辱、诽谤、捏造歪曲事实等行为符合《民法典》第一千零二十五条的规定："行为人为公共利益实施新闻报道、舆论监督等行为，影响他人名誉的，不承担民事责任，但是有下列情形之一的除外：（一）捏造、歪曲事实；（二）对他人提供的严重失实内容未尽到合理核实义务；（三）使用侮辱性言辞等贬损他人名誉"，侵犯了涉事父子的名誉权，对这些行为造成的损害应当承担民事责任。

此外，我们留意到，网上几乎随处可见该考生的高考各科分数和排名。《民法典》第一千零三十二条规定："自然人享有隐私权。任何组织或者个人不得以刺探、侵扰、泄露、公开等方式侵害他人的隐私权。隐私是自然人的私人生活安宁和不愿为他人知晓的私密空间、私密活动、私密信息。"很显然，虽然涉事考生伪造录取通知书在前，但从常理可以推知他并不希望自己的真实高考成绩被世人知晓。因此，公布该考生真实高考分数和排名信息的行为显然已经侵犯了他的隐私权。

2. 在网络中发表不当言论需要承担什么责任？

《民法典》第一千一百九十四条规定："网络用户、网络服务提供者利用网络侵害他人民事权益的，应当承担侵权责任。……"根据该规定，网络用户在网上发表不当言论侵害了他人的名誉权、隐私权等民事权益的，应当根据《民法典》侵权责任编之相关规定承担侵权责任。

一般而言，根据《民法典》第一千一百九十五条之规定，被侵权人有权通知网络服务提供者采取删除、屏蔽、断开链接等必要措施，有权要求侵权人公开赔礼道歉，甚至请求精神损害赔偿。

3. 应谨防网络暴力，将相关话题撤下热搜

从法律实务的角度而言，虽然该考生存在伪造国家机关、事业单位公文、证件、印章的行为，但其行为除引起热议外并未造成严重的社会危害后果。笔者更倾向于认为该行为仅属于治安违法行为，远远达不到入刑标准，不应由刑法进行评价。然而铺天盖地的讨论批判甚至评价其行为是否应当入刑的言论，是否会影响这名考生的心理状态，使其无法承受这突然到来的巨大压力而对自己或他人作出过激行为？

过往太多的网络暴力事件导致了太多的恶果，有些恶果甚至延续至今。就该案而言，笔者认为，从保护人权的角度出发，应谨防网络暴力，建议有关网络服务提供者将相关话题撤下热搜。有时候，不传播、不关注、不报道，本身就是一种善意。

向性骚扰说"不"！

—— 林瑞文

假如您是一位女士，在拥挤的车厢里遇到这种情况，一个站在您身后的陌生男子偷偷捧起您的秀发，忘我地抚摸、闻嗅，当您发现后会是什么感觉？近日，这让人不太舒服的一幕，就发生在莲花山某地铁上一位男性地铁安全员和一位女乘客之间。当时，这位女乘客并未察觉，而是被其他乘客拍下上传网络后才得以知晓。

有人说，安全员的行为已然构成了性骚扰，有人则认为既然女乘客未发觉就不构成骚扰，还有人觉得这只是恋物癖。那么，安全员的行为到底是否构成性骚扰呢？关于性骚扰，我国法律是如何规定的？

📢 捷高律师有话说

1. 安全员的行为是否构成性骚扰？

《民法典》第一千零一十条第一款规定："违背他人意愿，以言语、文字、图像、肢体行为等方式对他人实施性骚扰的，受害人有权依法请求行为人承担民事责任。"

根据这条规定，只要满足违背他人意愿、有言语肢体等行为、实施的是与性有关的骚扰行为三个条件，即构成性骚扰，至于行为的频次、情节、后果的程度在所不问。因此，在该案中，地铁安全员显然已经构成性骚扰。

2. 实施性骚扰行为的法律后果

根据《民法典》第一千零一十条第一款规定，性骚扰的行为人应当向受害人承担民事责任。在民事范畴，行为人应当依据《民法典》第一百七十九条规定的方式承担民事责任，具体方式主要包括停止侵害、排除妨碍、消除危险、消除影响、恢复名誉、赔礼道歉等。

此外，如果性骚扰行为达到《治安管理处罚法》甚至《刑法》相关规定规制的程度，除民事责任外，还应承担相应的行政处罚或刑事责任。

（1）多次发送淫秽或者其他信息，干扰他人正常生活的，应按《治安管理处罚法》第四十二条之规定，处5日以下拘留或者500元以下罚款；情节较重的，处5日以上10日以下拘留，可以并处500元以下罚款。

（2）《治安管理处罚法》第四十四条规定："猥亵他人的，或者在公共场所故意裸露身体，情节恶劣的，处5日以上10日以下拘留；猥亵智力残疾人、精神病人、不满14周岁的人或者有其他严重情节的，处10日以上15日以下拘留。"

（3）如果以暴力、胁迫等方法强制骚扰妇女的，有可能触犯《刑法》的相关规定，涉嫌强制猥亵、侮辱妇女罪、猥亵儿童罪等，应当承担相应的刑事责任。

3.《民法典》中关于性骚扰的立法亮点

（1）明确性骚扰概念，将保护对象扩大至男性。

在《民法典》实施以前，我国并未通过立法明确性骚扰的概念，仅在《妇女权益保障法》和《女职工劳动保护特别规定》等法规提及性骚扰，且保护对象仅针对女性。

《民法典》首次通过立法以法律的形式明确性骚扰的概念，并将"对妇女"实施性骚扰的表达改为"对他人实施"，将保护对象扩大至男性，不论男女，皆具有不被性骚扰的权利。

（2）性骚扰的表现形式不限于言语和肢体行为。

该案中，地铁安全员系通过摸闻头发这一肢体行为对女乘客进行性骚扰。而随着科技的发展，性骚扰的表现形式早已不局限于面对面的言语和行动，通过网络发送带有性意味的文字、图像，甚至音频、视频等信息，均有可能构成对受害人的性骚扰。

因此，《民法典》第一千零一十条也明确了性骚扰的表现形式包括但不限于言语、文字、图像、肢体行为等。

（3）明确相关单位的防止性骚扰行为之义务。

关于性骚扰行为的场所和单位责任，在《民法典》实施以前，只有《女职工劳动保护特别规定》在第十一条明确用人单位应在劳动场所预防和制止性骚扰行为。

但近年来，除了职场性骚扰以外，发生在校园、公共场所等环境的性骚扰也被频频曝光。显然，将性骚扰的预防范围限定在劳动场所内，保护范围太窄、打击力度远远不够。正是考虑到这一点，《民法典》在第一千零一十条第二款明确规定："机关、企业、学校等单位应当采取合理的预防、受理投诉、调查处置等措施，防止和制止利用职权、从属关系等实施性骚扰。"

因此，在该案中，莲花山地铁第一时间对该案进行核查处理，并将涉事地铁安全员停职，正是在履行其单位义务，符合《民法典》的相关精神。

APP 搜集我的手机号码、地理位置等侵权吗？

——李慧华

孙悟空和太白金星好久都没有聚了，于是约好在某天一起吃一顿晚饭。赴约的路上，孙悟空看到某手机品牌正在做活动，想到自己的手机已经好几年没换了，就买了一部新手机。到了吃饭的地方，孙悟空和太白金星一起敞开肚皮大快朵颐。

酒过三巡，太白金星接了个电话，一时半会儿挂不断。孙悟空百无聊赖，便也拿出自己的新手机摆弄。激活之后，他发现这个手机预装了一个自己没见过的叫作"踢踏"的 APP，便好奇地点进去，按照指引用手机号注册了账号。一登录进去，就出现一个"你可能认识的人"的列表，老熟人猪八戒、沙师弟、牛魔王、太白金星等赫然在列；仔细一看，这些朋友的头像、昵称和他们的微信头像和昵称都一模一样。"嘿，奇怪了，我这新手机没有通信录，微信也没登录进去，怎么就能知道我可能认识他们呢？"孙悟空疑惑地自言自语。

"我瞅瞅！"打完电话的太白金星顺势拿过孙悟空的新手机，"不对呀，一般不关联通信录、又没有用微信登录的账号不应该推送可能认识的人呀……"太白金星边研究边自言自语："哦！我知道了，肯定是这个 APP 在其他关联了手机通信录的用户通信录里记录了你的手机号，所以才能在你注册的时候给你推送可能认识的人，这个做法真是鸡贼啊！"

孙悟空不高兴地说："这就不对了！俺老孙根本没授权，这 APP 凭啥储存我的手机号！这不是滥用我的个人信息、侵犯我的隐私权吗？不行，我要告他们！"在太白金星的指点下，孙悟空前往公证处将相关界面公证后，向天庭起诉称踢踏 APP 未经其同意收集、储存、使用、公开其姓名、手机号码、社交关系、地理位置等个人信息，侵犯了其隐私权和个人信息权益，请求天庭判令踢踏 APP 停止侵权行为、在西游头条官网首页显著位置和踢踏 APP 显著位置公开赔礼道歉 30 日，赔偿经济损失30 000元、精神损害抚慰金20 000元、维权合理费用4 000元。

玉帝审理了此案。经查，踢踏APP是一款社交软件，确实存在通过其他用户关联的通信录信息识别孙悟空的手机号码等个人信息并储存在自己的服务器中的行为。

玉帝认为，孙悟空的姓名、手机号码、社交关系、地理位置等属于个人信息，被告踢踏APP未征得原告同意处理上述个人信息的行为构成对原告个人信息权益的侵害；但是，上述信息不属于隐私，被告的使用行为不构成对原告隐私权的侵害。

至于对个人信息权益的侵害应承担的责任，玉帝认为，原告孙悟空主张的30 000元经济损失没有事实依据，玉帝酌定赔偿数额为1 000元；虽然被告私下处理原告个人信息的行为给原告造成了困扰，但原告并未提供证据证明严重后果，因此原告主张的20 000元精神损害赔偿金不予支持。最终，玉帝判令被告踢踏APP停止侵权，永久删除原告的上述个人信息，以书面形式向原告道歉，赔偿经济损失1 000元，并承担合理支出4 000元。

捷高律师有话说

1. 隐私权的概念

众所周知，对于隐私权，我国在很长一段时间一直以名誉权的形式进行保护。直至《民法典》颁布，才首次在我国法律中明确隐私的定义——《民法典》第一千零三十二条第二款规定："隐私是自然人的私人生活安宁和不愿为他人知晓的私密空间、私密活动、私密信息。"

根据该条文，隐私权作为一项具体人格权，其内涵主要包括两部分：一是私人生活安宁权；二是私人秘密不为他人知晓的权利。因此，判断一个行为是否侵犯隐私权，也应该根据这个行为发生的特定环境，综合判断该行为是否符合上述特征。

2. 姓名、手机号码、社交关系、地理位置是否属于隐私？

首先，姓名和手机号码是否属于隐私呢？在日常社会交往中，一个人的姓名和手机号码发挥着身份识别和信息交流的重要作用，通常会向他人告知，一般不认为是私密信息。

其次，社交关系属不属于隐私呢？回答这个问题时首先应当判断某一段社交关系对于当事人而言是否具有私密性，而不能"一刀切"地认为所有的社交信息都具有私密性，如普通的同学、朋友、同事关系，一般不具有私密性；未公开的婚外两性关系，则很明显具有私密性。在该案中，孙悟空提交的证据中踢踏 APP 推送的"可能认识的人"都是普通的朋友同事，他没有提供这些关系具有私密性的证据，因此在该案中不认定这些社交关系具有私密性。

最后，地理位置属不属于隐私呢？对于这个问题同样也要具体看待。如果 APP 提供的地理位置信息仅限于用户所在城市，这样的地理信息除特殊情形外一般不会加以保密，在一定的范围内被人知悉，一般不认为具有私密性；但如果 APP 提供的地理位置已经精确到门牌号，很显然大部分人都不愿意公开自己的具体住所地，所以这样的地理位置信息就属于隐私。该案中孙悟空提供的证据只能证明，踢踏 APP 显示的地理位置信息只具体到某个城市，所以不属于隐私。

基于踢踏 APP 的社交属性，在一定的范围内收集使用用户的姓名、手机号码、地理位置、社交关系信息是该软件的题中之意，没有证据显示这些行为对孙悟空的生活安宁产生了打扰。所以，具体到该案中，踢踏 APP 并未侵犯孙悟空所诉的隐私权。

3. 个人信息和个人信息权益

关于个人信息，《民法典》第一千零三十四条第二款规定："个人信息是以电子或者其他方式记录的能够单独或者与其他信息结合识别特定自然人的各种信息，包括自然人的姓名、出生日期、身份证件号码、生物识别信息、住址、电话号码、电子邮箱、健康信息、行踪信息等。"根据该规定，显然一个人的姓名、手机号码、社交关系、地理位置等都属于个人信息。

关于个人信息权益，《民法典》第一千零三十五条规定："处理个人信息的，应当遵循合法、正当、必要原则，不得过度处理，并符合下列条件：（一）征得该自然人或者其监护人同意，但是法律、行政法规另有规定的除外；……"根据该规定，处理个人信息一般情况下首先应该征得同意，其次要遵循合法正当必要原则，不得过度处理。

具体到该案，虽然踢踏 APP 是一款具有社交属性的软件，向用户推送可能认识的人也是社交软件的应有功能之一,但是在孙悟空并没有注册成为用户、没有在踢踏APP上开展社交活动时,踢踏APP就未经孙悟空同意获取并储存孙悟空的个人信息,显然超过了必要限度,已经侵犯了孙悟空的个人权益。

4. 为何判赔数额与诉请金额差别巨大?

在判决书中,法院认可了个人信息的处理利用会产生经济效益这一观点,但具体到该案,对于因个人信息产生的经济损失,孙悟空有证据的只有其公证的费用,既没有提供其他经济损失的证据,也没有提供其精神受到严重损失的证据。因此,本着公平原则,法院只能酌定1 000元的经济损失及4 000元的合理维权支出。

5. 为何不支持在西游头条官网首页显著位置和踢踏APP显著位置公开赔礼道歉30日的请求?

《民法典》第一千条第一款规定:"行为人因侵害人格权承担消除影响、恢复名誉、赔礼道歉等民事责任的,应当与行为的具体方式和造成的影响范围相当。"

踢踏APP的侵权行为发生在踢踏APP中,并未给孙悟空造成向踢踏APP用户公开的大范围的影响,孙悟空亦未证明侵权行为对其造成严重的精神损害。孙悟空要求踢踏APP在西游头条官网首页显著位置及踢踏APP首页显著位置向其公开赔礼道歉30日,远远超出了踢踏APP的侵权方式和所造成的影响范围,因此该诉请法院不予支持。

◎ 人格权编 ◎

未经我同意就商用我的照片侵权了吗？

——胡婷婷

众所周知，广寒宫中住着一位美丽的嫦娥仙子。民间流传着"嫦娥应悔偷灵药，碧海青天夜夜心"之类的唯美诗句，为嫦娥仙子增添了一份神秘感。民间百姓对嫦娥的美貌与经历均十分好奇。正所谓有话题即有流量。这不，衣淘网的"衣衣不舍"服装店利用特殊渠道获取了嫦娥仙子的照片为其店铺做宣传，引得天上人间神仙百姓纷纷光顾，销量大增。

某天，嫦娥与龙女闲聊时才得知自己的照片被用作网店宣传，十分气愤，前往天庭找玉帝主持公道。经查，"衣衣不舍"服装店未经合法授权，使用嫦娥姓名、肖像在其网上店铺进行广告宣传的行为侵犯了嫦娥的肖像权、姓名权。服装店实施了侵权行为，应当承担相应的侵权责任。玉帝遂判决"衣衣不舍"服装店在其网店首页连续七日刊登致歉声明，向嫦娥赔礼道歉并赔偿经济损失。

🔊 捷高律师有话说

1. 何谓肖像权？

肖像权，是指自然人对自己的肖像享有再现、使用或许可他人使用的权利，其表现形式包括人物画像、生活照、剧照等。自然人的肖像权受法律保护，未经本人同意和法律另有规定外，他人不得使用。关于肖像权，《民法典》在第四编人格权的第四章作了专章规定。

2. 如何认定侵犯肖像权？被侵犯后应当如何维权？

该案中，"衣衣不舍"服装店将嫦娥的照片用作店铺宣传，嫦娥的肖像能够清晰识别，一般社会公众能够将其与嫦娥的相貌特征相联系。"衣衣不舍"服装店在其网店上发布嫦娥的照片，意在吸引社会公众关注和潜在客户，具有营利的目的。

自然人的肖像权受到侵害的，有权根据《民法典》相关规定，要求侵权人停止损害、消除影响、赔礼道歉，并可以要求赔偿损失。

3. 肖像权保护关乎每一个人

人格权独立成编是我国《民法典》的亮点之一。《民法典》对肖像权设置了专章，对肖像权的保护做了重要修改，明确规定肖像权的权利内容及许可使用的规则，明确禁止侵害他人的肖像权。

该案案情虽十分简单，但确是关乎每个人的权利。在互联网时代，随着社交软件不断增多，在社交软件上发布图片已经成为人们记录生活的方式，虽说普通市民并不像明星对社会公众具有影响力，但也有可能为商家带来利益。一张普通的照片，随时可能被其他主体未经许可进行使用，甚至丑化、污损，更有甚者利用信息技术手段伪造以达到某种非法的目的。

其中，人脸信息也属于肖像权保护的对象。随着信息技术的发展，人脸识别、刷脸支付等技术已普遍运用，极大地方便了人们从事社会活动和市场交易，但此等信息若遭非法采集、非法滥用，则无疑会给受害人带来难以估量的损失，并加剧社会管理难度。

当前，已经有网络黑色产业从业者利用电商平台非法批量倒卖非法获取的人脸身份信息，这些人脸信息有可能被用于虚假注册、电信网络诈骗等违法活动。所以，大家在享受科技带来的便利的同时，也要注重保护个人信息，免受侵犯。

煮

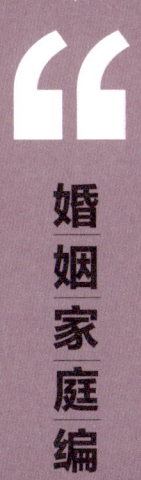

"
婚│姻│家│庭│编

把个人财产给了老婆,我能反悔吗?

——李慧华

小蟹是蟹将和蟹夫人唯一的儿子,夫妻俩自然啥好的都想着留给他,一直在筹划着是在世的时候就把财产给出去,还是等过世后让小蟹直接继承遗产。

这天,小蟹往家里带回一个女朋友,蟹夫人一看就特别不满意,看哪儿哪儿不顺眼,便悄悄拉着小蟹到一边耳语:"我的儿呀,这女孩妖里妖气的,一看就跟你不长久,等我们百年以后,你俩分开了,她不就把我和你爹的财产分去一半了吗?不行不行,娘不同意!"小蟹听了很不高兴:"娘,您怎么能戴着有色眼镜看人呢?李氏贤良淑德,配儿子是儿子高攀了呢!您别劝了,儿非李氏不娶!"说罢竟直接带着李氏前往婚姻登记处登记结婚。

蟹将和蟹夫人都气得不行,拉起一副与儿媳妇势不两立的架势,狠下心来对小蟹不理不睬。这种情况持续了一年多,蟹将和蟹夫人感到身体大不如前,觉得还是应该及早将财产安排好。于是,他们带着小蟹前往公证处,签订赠与协议,将二人名下的一套房子及其配套车库赠与小蟹,并明确注明"这些房产均与小蟹配偶无关"。随后,三人前往不动产登记中心办理了过户登记。办完这一切,蟹将和蟹夫人才松了一口气,认为房产到不了这个自己不喜欢的儿媳妇手上了。

没想到过了不久,小蟹与李氏签订《夫妻财产协议》,小蟹同意将其从父母处受赠来的房屋和车库赠与妻子李氏单独所有,并登记在其名下。协议上双方均签名加按指纹确认,并已办理了过户手续,将房屋和车库登记在李氏名下,占有份额为单独所有。

共同生活数年后,小蟹与李氏的矛盾越来越大,李氏怨小蟹贪玩不务正业,将大量银钱投入网游,小蟹则怨李氏在其经济困难时不施与援手,二人最终走到离婚的地步。

离婚后，小蟹想到父母赠与自己的房产都落到李氏手上，愧恨不已，遂向天庭提起撤销之诉，主张行使任意撤销权，请求判决撤销涉案房产的赠与行为并要求李氏协助将涉案房产过户至自己名下。玉帝经审理后认为小蟹的主张理据不足，驳回了小蟹的全部诉讼请求。

捷高律师有话说

这是一个有趣的案件，讨论的正是老百姓们非常关心的婚姻家庭中财产处理的一种类型的问题。

1. 涉案的《夫妻财产协议》属于赠与合同

根据该案事实，涉案的《夫妻财产协议》仅就涉案房产进行了约定，约定的内容系小蟹将该等房产无偿给予李氏，李氏表示接受。我国《民法典》第六百五十七条规定："赠与合同是赠与人将自己的财产无偿给予受赠人，受赠人表示接受赠与的合同。"据此规定，可以认定《夫妻财产协议》的性质为赠与合同。

2. 涉案的《夫妻财产协议》为何不能撤销？

《最高人民法院关于适用〈中华人民共和国民法典〉婚姻家庭编的解释（一）》第三十二条规定："婚前或者婚姻关系存续期间，当事人约定将一方所有的房产赠与另一方或者共有，赠与方在赠与房产变更登记之前撤销赠与，另一方请求判令继续履行的，人民法院可以按照民法典第六百五十八条的规定处理。"

根据该规定，如果小蟹与李氏仅是签订赠与合同而未将房产过户，则小蟹具有《民法典》第六百五十八条第一款规定的"赠与人在赠与财产的权利转移之前可以撤销赠与"即赠与人的任意撤销权。但该案中，小蟹早在《夫妻财产协议》签订后便将涉案房产过户至李氏名下，因此法院无法支持小蟹的主张。

3. 赠与合同在什么情况下可以撤销？

除了前文所述的赠与人可以在赠与的财产权利转移之前撤销赠与以外，《民法典》第六百六十三条还规定："受赠人有下列情形之一的，赠与人可以撤销赠与：

（一）严重侵害赠与人或者赠与人近亲属的合法权益；（二）对赠与人有扶养义务而不履行；（三）不履行赠与合同约定的义务。赠与人的撤销权，自知道或者应当知道撤销事由之日起一年内行使。"

根据该规定，当受赠人出现上述情形时，赠与人有权撤销赠与，但如果无法与受赠人协商解决，则赠与人必须在知道或应当知道撤销事由之日起一年内向法院提起撤销之诉；如超过一年期限，则赠与人的撤销主张将难以得到法院支持。

在该案中，由于小蟹没有证据证明李氏存在上述行为，因此无法根据该条款撤销《夫妻财产协议》。

看完该案，很多做父母的可能仍然不理解为何自己赠与孩子的房产最终仍会转入孩子配偶手中。正如该案中，无论是蟹将和蟹夫人在世时的赠与还是去世后的遗产继承，即便明文排除了儿媳妇李氏的受赠或继承，但在赠与和继承行为完成后，涉案房产的产权便完全转移到了小蟹手中，小蟹仍然有权利将父母本不愿给李氏的房产赠与李氏，且无法撤销。因此，如何对家庭财产进行处分和传承，需要咨询律师或其他专业人士才能做出较为科学合理的安排。

送给"小三"的财产，统统给我拿回来

——李慧华

奎木狼与百花羞是夫妻，已经结婚十多年了。近几年，奎木狼前往某市做生意很少回家，只每月寄来家用。百花羞则一直在老家照看老人和儿女，不愿跟随丈夫前去某市，也很少过问奎木狼的生意。某天，闺蜜告诉百花羞，奎木狼在外有相好，还给相好买了房子和车子。百花羞气极了，于是前往某市秘密调查一番。

原来奎木狼刚到某市不久，便经朋友介绍结识了玉兔精，不知怎的俩人就相处得热乎起来，以情人身份同居在一起。奎木狼给玉兔精购置了两处房产和一台轿车，均登记在玉兔精名下。此外，奎木狼还每月向玉兔精支付生活费10 000元。

百花羞非常愤怒，聘请了代理律师，果断将奎木狼和玉兔精告上天庭，要求确认奎木狼和玉兔精之间的赠与合同无效，请玉帝判决玉兔精向自己返还两处房产，奎木狼为玉兔精支付的购车款338 000元及奎木狼累计转账给玉兔精共计278 000元的款项。

天庭经审理后认为，奎木狼在已有配偶的情况下与玉兔精发展成不正当婚外同居关系，并基于此种关系将夫妻共同财产赠与玉兔精，该赠与行为属于无权处分行为，作为妻子的百花羞要求确认赠与合同无效有事实和法律依据，天庭予以支持。

至于赠与财产的范围，由于百花羞只能提供奎木狼每月向玉兔精转账及其为玉兔精购置车辆的支出记录，而未能提供玉兔精名下房产系由奎木狼出资的证据，因此不予认定两处房产属于赠与财产范围。

最终，天庭判决玉兔精应将奎木狼向其转账的273 000元及购车款338 000元共计611 000元返还给百花羞。

捷高律师有话说

1. 法律对婚外两性关系的评价

《民法典》第一千零四十一条规定，我国实行一夫一妻的婚姻制度。在一夫一妻制的语境下，任何形式的一妻多夫或一夫多妻的两性关系都是违法的，法律不予保护。

《民法典》第一千零四十三条则规定了夫妻互相忠实义务，要求夫妻互相忠实，互相尊重，互相关爱，维护平等、和睦、文明的婚姻家庭关系。

从这两条规定可以看出，对于有配偶者与婚外异性发展的两性关系，我国法律是持反对态度的，这种违反一夫一妻制度、违反夫妻忠实义务的行为也违反了我国社会的公序良俗，从法理上而言，是应当被取缔和制止的。

2. 法律对有配偶者向"第三者"赠与行为的评价

上述我们说到，我国法律对婚外两性关系的态度是消极的，因此，对基于此种不正当婚外两性关系而将财产赠与第三者的行为，法律也是不予支持的。

《民法典》第一千零六十二条第二款规定："夫妻对共同财产，有平等的处理权。"该案中，在奎木狼与百花羞未选择其他财产制的情形下，双方对夫妻财产共同享有所有权。奎木狼赠与玉兔精大额财产，显然不是因家庭日常生活需要而处理夫妻共同财产的行为，其未经妻子百花羞的同意将夫妻共同财产赠与玉兔精，侵犯了百花羞的财产权益，该赠与行为为无权处分行为。在百花羞事先不知情、事后未追认的情况下，该处分行为亦属无效。因此，百花羞要求玉兔精返还奎木狼赠与的夫妻共同财产，有事实和法律依据，应予以支持。

3. 为什么该案中玉兔精不用返还房产？

虽然法律上对基于不正当婚外两性关系的财产赠与行为不予认可，但在审判实务中，需要对具体的涉诉财产的性质进行鉴别，判断涉诉财产是否属于应当返还的赠与财产范围，而判断的标准就是证据，如果没有证据或证据不足以认定某宗具体的涉诉财产的出资人是有配偶的一方，则不应返还。

在该案中，百花羞提供了律师持律师调查令前往银行查询的奎木狼的银行转账记录，这些记录反映奎木狼确实向玉兔精转账了 27.8 万元，也反映其确实为玉兔精所购车辆支付了购车款，证据确实充分，认定为应当返还的赠与财产不存异议。

但百花羞主张的两处房产系登记在玉兔精名下，而且百花羞无法提供证据证明该两处房产的购买资金来源于奎木狼，且玉兔精提供了相反的证据证明购买资金系其自有资金。因为证据不足，该两处房产确实无法认定为应当返还的赠与财产。

4. 在证据方面应如何加强？

俗话说，打官司就是打证据。百花羞的诉讼请求之所以没有全部得到法院支持，就是因为其对于两处房产资金来源的证据不足。那么，当确实需要对配偶及其第三者提起撤销赠与行为诉讼的时候，应该怎么做呢？

其一，平时应密切关注配偶的财务状况和资金进出情况，为自己争取对配偶财务状况的知情权，在发现异常情况时多加留意，及时存留证据。

其二，应提取配偶的银行、支付宝、微信等转账记录，当已经无法自行取得配偶的这些证据时，应及时委托律师，由律师持法院开出的律师调查令进行广泛的证据收集，形成证据链，才有可能争取更有利于自己的判决。

分居两年能自动离婚吗？

——李慧华

玉面狐狸：我和牛魔王分居两年了，是不是已经自动离婚了？

捷高律师：人家怎么知道你们分居两年了……

玉面狐狸：邻居们都知道的，亲戚朋友们也知道啊！

捷高律师：您要起诉离婚。

玉面狐狸：那我起诉了就一定能离吗？

捷高律师：也不是，要看情况，不是分居两年就能离……

玉面狐狸：……

捷高律师有话说

1. 并非分居满两年就必然符合准予离婚的情形

对于离婚，《民法典》明确规定了相关条件。第一千零七十九条规定："夫妻一方要求离婚的，可以由有关组织进行调解或者直接向人民法院提起离婚诉讼。人民法院审理离婚案件，应当进行调解；如果感情确已破裂，调解无效的，应当准予离婚。有下列情形之一，调解无效的，应当准予离婚：（一）重婚或者与他人同居；（二）实施家庭暴力或者虐待、遗弃家庭成员；（三）有赌博、吸毒等恶习屡教不改；（四）因感情不和分居满二年；（五）其他导致夫妻感情破裂的情形。一方被宣告失踪，另一方提起离婚诉讼的，应当准予离婚。经人民法院判决不准离婚后，双方又分居满一年，一方再次提起离婚诉讼的，应当准予离婚。"

根据上述规定，"感情确已破裂"是法院准予离婚的要件，其下所列的重婚、与他人同居、家庭暴力、虐待、遗弃、恶习、感情不合分居满两年、被宣告失踪等，都是感情确已破裂的具体表现。

其中，根据该条第三款第（四）项的规定，分居满两年想要离婚是有条件的，必须满足"感情不和"的硬指标，法院才可能准予离婚。如果想离婚，就要向法院提交证据证明：①夫妻双方是因感情不和而分居；②分居时间确实已经超过两年。

2. 如何证明"因感情不和分居满二年"？

在现实中，想要证明双方满足上述两个条件非常不容易。

其一，感情不和是一种相对主观的评价结果。评价一对夫妻是否感情不和比较主观，证据较难收集，即便分居确实满两年，也不代表就是因为感情不和而分居。

众所周知，在现实生活中，导致夫妻双方分居的原因是很多的，最常见的是工作原因，如夫妻一方或者双方都外出打工、在异地工作，这并不能说明二人感情不和。如果起诉离婚一方拿出吵架这种证据，"清官难断家务事"，是真的感情不和还是夫妻日常拌嘴吵架，法官比较难断定，万一辛辛苦苦收集了一堆吵架打架的录音，另一方只说一句"夫妻吵架是常事，哪对夫妻不吵架"，法官也极有可能认同。

其二，对分居满两年的证据也有一定的要求。起诉离婚的一方好不容易收集了自己或对方在外居住的居住证明、房屋租赁合同或购房合同、在外工作的劳动合同等，对方举出一个"你上个月还带着孩子来找我""前几天咱们不是一起去了爸妈家吗"之类的证据，前述证据的证明效果就大打折扣了。

3. 我确实想以分居满两年为由离婚，我该怎么做？

（1）收集证明感情不和的证据。①双方的书信、电子邮件等书面往来，QQ、微信等社交软件聊天中的自认，通话录音，吵架打架的录音录像等。②分居或分手协议。有些夫妻会写下分居或分手协议，这种证据就是强有力的感情不和的证明，应注意保存。

（2）收集分居满两年的证据。①在外地的居住证、房屋租赁合同或购房合同、交房租水电费的证明、劳动合同、工作证明、收入流水等。②对对方可能提出的反证作出预判，如对方可能会提出什么证据抗辩分居或感情不和，己方可以有所准备，针对这些证据进行反驳或补强。

4. **不必非要等分居满两年才起诉离婚**

如认为双方感情确已破裂，婚姻已经无法维系，有离婚必要的，不必非要等到分居满两年才提出，可以直接通过协议或起诉等方式结束婚姻关系。

（1）协议离婚。夫妻二人自行或委托律师介入，就离婚涉及的孩子抚养、财产分割等问题进行协商，协商一致后签订离婚协议，携带双方的身份证、户口本、结婚证及协议书前往民政局申请离婚。需要注意的是，《民法典》增加了"离婚冷静期"，递交申请后启动30天"冷静期"，"冷静期"过后再行前往民政局办理手续即可。

（2）起诉离婚。当事人自行或委托律师代为起诉离婚。相比协议离婚，起诉离婚因为法院程序的影响，花费的时间相对更长，但判决书下来后对正式结束二人的婚姻关系有强制力，如无法达成离婚协议，为避免久拖不决，可采取起诉离婚的方式。

但是，有些时候二人的矛盾可能未必上升到离婚的程度，尝试着多倾听对方、多倾听自己，尝试着尊重自己和对方的真实需求，可能就会发现，双方的矛盾并非不可调和，多站在对方角度考虑便能继续走下去。

确实觉得离婚有必要的，甚至遭遇到家庭暴力或虐待遗弃等情形，则应当断则断，果断提出离婚，必要时还应采取报警、申请人身保护令等措施，保护好自己，远离非正常关系带来的伤害。

我老公借的钱为什么要我来还？

——胡婷婷

牛魔王生性豪爽，爱结交天下妖怪，常常在其居住的碧翠山芭蕉洞内大摆筵席，宴请各方妖怪前来做客。久而久之，多年积攒的百万家财被挥霍一空。大大咧咧的牛魔王对此并不在意，仍旧终日饮酒作乐，纵享人生。可是奢靡的生活需要大量的金钱支撑。惧内的牛魔王不敢向妻子铁扇公主要钱便找朋友借，今天借一点，明天拿一点，也够牛魔王维持奢靡的生活。

显然入不敷出还要靠借钱过日子的生活，总有一天会支撑不下去。欠下一屁股债务无力偿还的牛魔王，终被债权人之一的孙悟空告上天庭，要求其依照借款协议归还本金和利息共200万元，并且主张该笔借款为牛魔王与铁扇公主的夫妻共同债务，要求铁扇公主共同承担。

铁扇公主在天庭上瞪着垂头丧气的牛魔王，生气地辩解称自己对该笔借款并不知情，也没有参与到牛魔王日常饮酒作乐的生活中，要她共同承担这笔债务实属荒谬。牛魔王也附和说该笔债务是自己借来个人使用的，与铁扇公主无关，应由自己一个人承担。而孙悟空却说，铁扇公主与牛魔王乃是夫妻，婚后获得的债权和欠下的债务属于夫妻共同债权债务，牛魔王负债，作为妻子的应当有福同享有难同当，理应与牛魔王共同承担债务。

玉帝查明事实后，根据"债务应当清偿"的原则，首先明确了牛魔王要偿还欠孙悟空的款项。至于铁扇公主是否承担债务的问题，由于孙悟空没有证据证明欠款是用于牛魔王与铁扇公主的家庭共同生活，又没有证据证明牛魔王与铁扇公主有过共同举债的合意，并且欠款本息200万元远远超出家庭日常生活所需，于是判定该欠款不属于夫妻共同债务，铁扇公主无须承担还款责任。

捷高律师有话说

婚姻存续期间，夫妻一方举债另一方是否需要共同承担？《民法典》对此问题作出了明确规定。

1.《民法典》对于夫妻共同债务的认定

《民法典》第一千零六十四条第一款规定："夫妻双方共同签名或者夫妻一方事后追认等共同意思表示所负的债务，以及夫妻一方在婚姻关系存续期间以个人名义为家庭日常生活需要所负的债务，属于夫妻共同债务。"

该条款可以简单理解为"共债共签原则"，即若事前或事后夫妻双方都明示或以自身行为表示一起承担这笔债务的，那么这笔债务就属于夫妻共同债务。

明示的方式包括但不限于：①夫妻二人在借款合同上共同签名；②只有一方签名，但事后另一方以口头或行动表明会一起还钱；③借钱时一方不知情，但事后知道用自己的账号向债权人还钱；④借钱时，虽只有一方签名，但另一方在签订借款合同时一直在场。

2. 在妻子完全不知情的情况下，丈夫欠下巨额债务是共同债务吗？

《民法典》第一千零六十四条第二款规定："夫妻一方在婚姻关系存续期间以个人名义超出家庭日常生活需要所负的债务，不属于夫妻共同债务；但是，债权人能够证明该债务用于夫妻共同生活、共同生产经营或者基于夫妻双方共同意思表示的除外。"根据该规定，以下两种情况也属于夫妻共同债务。

（1）为家庭日常生活需要所负的债务。

举个例子，丈夫向他人借钱买了一辆作为上班、家庭外出代步工具的普通汽车，虽然妻子对此事并不知情，但因该笔借款是为了家庭日常生活所需，即属于夫妻共同债务；但如丈夫在明知家庭并不富裕的情况下，大额借款购买名画古董作为收藏，这就超出了日常生活所需的要求，妻子对此毫不知情的，则该笔借款不属于夫妻共同债务。

需要注意的是，我们对属于"超出家庭日常生活需要"的理解，应当要依据每个家庭的经济水平来判断，不能一概而论。

（2）用于夫妻共同生活、共同生产经营的债务。

假如丈夫借款是为了做生意，妻子虽对借款不知情，但家里的主要生活来源是丈夫做生意赚的钱，那么，该笔借款是用于夫妻共同生产经营的债务；如果丈夫赚的钱并没有用在家庭生活上，而是用于维持生产经营、扩大生产、个人享乐或给了别人的，那么该笔借款则不属于夫妻共同债务。

为了避免夫妻一方"被负债"的情况出现，建议夫妻在日常生活中加强沟通，双方站在平等地位上行使家事决定权。

作为债权人亦要注意，若以属于夫妻共同债务为由主张权利的，《民法典》规定了该事实需要由债权人负责拿出证据加以证明。所以在借钱给别人的时候要增强风险意识、证据意识，如借款人有配偶的，可以在借款合同中要求夫妻双方共同签字，以保障自身权益。

都要离婚了，还让我怎么冷静？

——胡婷婷

有一天，高翠兰准备洗衣服，便拿起猪八戒的衣服清理口袋里的物品。没想到从猪八戒的长衫口袋里掏出一张律师咨询费发票，高翠兰疑窦顿生，便拿着发票质问猪八戒。猪八戒先是顾左右而言他，被高翠兰逼问得实在招架不住了才将自己咨询代孕的事情说了出来。高翠兰认为猪八戒对感情不忠，十分生气，二人为此大吵了一架，后来这夫妻俩便一直处于冷战之中。

高翠兰内心一直对猪八戒计划代孕之事无法释怀，而猪八戒心知自己有错，但碍于面子也不愿意低头。就这样，一个心里不舒服，一个要面子，导致夫妻感情日渐破裂，虽不至于分居生活，但也算是同床异梦了。

这天，俩人又因家庭琐事发生了激烈争吵，互不相让。高翠兰看着态度强硬的猪八戒，想着自己苦等多年终于盼到猪八戒取经归来，以为能够与之白头偕老，谁知猪八戒不但曾经想要找别的女子生育孩子，连这等家庭小事都不肯退让半步哄哄自己，越想越委屈，越想越生气，便对着猪八戒怒吼一声："我要离婚！"猪八戒一听，瞬间火大了，"离就离呗，谁怕谁啊！"就这样，俩人带上证件，火速奔到月老面前要求办理离婚手续。

月老根据《民法典》，接受了二人的离婚申请，并解释了法律关于30天冷静期的新规定，让二人回家好好冷静冷静，把矛盾都摊开来说明白，不要因为一时意气而错过对方；若过了30天仍觉得不能再相处下去了，再来申领离婚证。

俩人一听要等30天后才能拿到离婚证，也只能离去了。回到家后俩人互不搭理，气氛冷淡。时间一天天地过去，猪八戒慢慢冷静下来恢复了理智，内心也逐渐动摇，"是啊，当初如此恩爱的二人，怎么会闹到离婚这个地步呢？究竟是面子重要，还是感情重要呢"。看着郁郁寡欢、日渐消瘦的高翠兰，猪八戒心里十分不好受，便主动对高翠兰表示关心。高翠兰看着主动求和的猪八戒，内心也柔软了几分，看着猪八戒主动打破僵局，高翠兰也不再闹别扭，借机说出了自己内心的委屈。

就这样，俩人互诉衷肠，解开了积压已久的矛盾，感情恢复如初的俩人次日便携手到月老那里撤销了离婚申请，重新过上幸福的婚姻生活。

捷高律师有话说

《民法典》于 2021 年 1 月 1 日生效，为了贯彻落实《民法典》有关离婚冷静期制度的规定，民政部对婚姻登记程序进行调整，在离婚程序中增加了 30 天的冷静期，强制要求申请离婚双方考虑清楚后再行决定是否继续离婚。

1. 要怎么"冷静"才能领取离婚证？

新调整后的离婚登记程序包括申请、受理、冷静期、审查、登记（发证）等。

（1）申请：申请离婚必须是夫妻双方自愿离婚，签订离婚协议书，并共同到有管辖权的婚姻登记机关提出申请。

（2）受理：符合离婚条件的，婚姻登记机关向当事人发放《离婚登记申请受理回执单》；不符合的则不予受理。

（3）冷静期：自婚姻登记机关收到离婚登记申请并向当事人发放《离婚登记申请受理回执单》之日起30日内，任何一方不愿意离婚的，可以持本人有效身份证件和《离婚登记申请受理回执单》（遗失的可不提供，但需书面说明情况），向受理离婚登记申请的婚姻登记机关撤回离婚登记申请，并亲自填写《撤回离婚登记申请书》。经婚姻登记机关核实无误后，发给《撤回离婚登记申请确认单》，并将《离婚登记申请书》《撤回离婚登记申请书》与《撤回离婚登记申请确认单（存根联）》一并存档。

自离婚冷静期届满后30日内，双方未共同到婚姻登记机关申请发给离婚证的，视为撤回离婚登记申请。

（4）审查：自离婚冷静期届满后30日内，夫妻双方仍决定要离婚的，应当持有相关证件和材料，共同到婚姻登记机关申请发给离婚证。

（5）登记（发证）：婚姻登记机关按照《婚姻登记工作规范》规定，予以登记，发给离婚证。

2. 诉讼离婚是否适用"冷静期"？

"冷静期"只适用于夫妻双方自愿的协议离婚。诉讼离婚并没有离婚冷静期的规定，所以对于存在家暴、遗弃等双方达不成离婚一致意见的情形下，可以选择诉讼离婚。

21世纪常被喻为"快餐"时代，"80后""90后"乃至"00后"的婚恋思想与祖辈、父辈等人有着巨大的差别。父辈们的观念是"东西"坏了就修复，而现代年轻人的观念则是坏了就换，所以"闪婚""闪离"现象非常普遍，这将不利于社会的和谐稳定。

为此，我国《民法典》特意新增了"离婚冷静期"，希望可以通过30天的"冷静期"，让当事夫妻慎重考虑，不要因一时冲动而离婚，希望可以借助"冷静期"让当事夫妻重新"修复"感情，令更多的婚姻得到调适和挽救。

继承编

帮扶邻家孤寡老人 30 年，分得一半遗产

——谭平

生活在荆棘岭的杏仙早年丧夫、膝下无子女，一直一个人生活。作为邻居的孤直公经常帮杏仙做一些力所能及的事情。孤直公对杏仙的照顾细致周到，20 世纪 90 年代初，孤直公见杏仙家的房子年久失修已出现部分坍塌，就干脆将杏仙接到自己家一起住。后来孤直公家房子拆迁，他便出钱给杏仙在村里租了房，还经常回来看望，逢年过节就陪杏仙唠唠家常。

杏仙的年龄越来越大，越来越需要专人的照顾。经与村党支部书记商量后，孤直公自费将杏仙送到敬老院安度晚年。2016 年杏仙去世，孤直公为她操办了后事，购置了墓地安葬。

杏仙家境贫寒，她怎会有遗产呢？原来，杏仙生前申请过 80 平方米的宅基地，直到她去世一年后宅基地才批下来。2021 年年初该宅基地所在区域面临拆迁，拆迁后可以获得上百万元的拆迁补偿款，这些款项就变成了杏仙的遗产。

村里人都认为这笔钱应当给孤直公，但根据法律规定，杏仙的侄子作为唯一法定继承人可以代位继承杏仙的全部遗产；孤直公不是法定继承人，又没有法律文书，无法直接继承。在村干部的建议下，孤直公向法院提起继承诉讼，经玉帝调解，杏仙遗产分配如下：孤直公占 40 平方米；杏仙的侄子占 30 平方米，杏仙的邻居占 10 平方米，相应拆迁款归各自所有。杏仙的侄子也非常认同孤直公对杏仙的照顾扶养，同意以上分配方案。

捷高律师有话说

1. 为什么侄子可以继承杏仙的遗产?

根据《民法典》第一千一百二十七条、第一千一百二十八条的规定,法定继承人为配偶、子女、父母、兄弟姐妹、祖父母、外祖父母;被继承人的子女先于被继承人死亡的,由被继承人的子女的直系晚辈血亲代位继承。被继承人的兄弟姐妹先于被继承人死亡的,由被继承人的兄弟姐妹的子女代位继承。代位继承人一般只能继承被代位继承人有权继承的遗产份额。

在该案中,杏仙早年丧夫,没有子女,父母、兄弟姐妹均先于她死亡,亲人里只有一个侄子在世,杏仙也未留有遗嘱。因此根据《民法典》的上述规定,杏仙的侄子为唯一法定继承人。

使侄子女、甥子女有权继承遗产份额的制度,法律上叫作"代位继承制度"。早在我国《继承法》时代,代位继承制度已经存在,《继承法》规定的代位继承制度中,被代位继承人仅限于被继承人的子女,代位继承人仅限于被继承人子女的直系晚辈血亲。虽然该规定保障了遗产向被继承人的直系晚辈血亲流转,但是考虑到一些意见认为我国法定继承人的范围狭窄,不利于遗产的流转,容易导致遗产因无人继承而收归国家或者集体所有,因此,有必要扩大被代位继承人的范围。

但是,也不能无限制地扩大被代位继承人的范围,否则容易使遗产过多地向较远的旁系扩散。一般来说,兄弟姐妹是被继承人血缘关系最近的旁系血亲,兄弟姐妹具有深厚的情感基础,在一定情况下还能尽扶养扶助义务,而兄弟姐妹的子女即被继承人的侄子女、甥子女,与被继承人在血缘和情感上有较为紧密的联系,让侄子女、甥子女继承遗产符合遗产向晚辈流传的原则,也符合民间传统上继承遗产的习惯。

因此,对比已经失效的《继承法》,《民法典》这条规定在一定程度上扩大了继承人的范围,使得侄子女、甥子女有权继承被继承人的遗产,被继承人的遗产不会再被轻易认定为无人继承又无人受遗赠的遗产。

2. 为什么孤直公和邻居可以分得遗产？

《民法典》第一千一百三十一条规定："对继承人以外的依靠被继承人扶养的人，或者继承人以外的对被继承人扶养较多的人，可以分给适当的遗产"。

该案中，孤直公和邻居都不是杏仙的法定继承人，依法本不应分得财产；但由于他们，尤其是邻居孤直公30多年来对杏仙的不离不弃、悉心照顾，才让杏仙得以维持正常生活，得享92岁高寿。为了鼓励、发扬这种互相扶助的精神，使"好人有好报"，法律作出了上述特别规定，让这种本无抚养、赡养义务而提供扶助的行为受到肯定。

3.《民法典》生效后，什么情况下遗产属于无人继承又无人受遗赠的遗产？

根据《民法典》第一千一百二十七条、第一千一百二十八条的规定，如果被继承人的配偶、子女、父母、兄弟姐妹、祖父母、外祖父母、侄子女、甥子女都已不在世，且被继承人又没有留下遗嘱或赠与文书的，这时其所遗财产将会属于无人继承又无人受遗赠的遗产。

这时，根据《民法典》第一千一百六十条的规定，无人继承又无人受遗赠的遗产，归国家所有，用于公益事业；死者生前是集体所有制组织成员的，归所在集体所有制组织所有。

该案中，如果杏仙连侄子女、甥子女都没有，其所遗的宅基地应当归其所在的村集体即荆棘岭村所有，该宅基地所获拆迁补偿款同样应当归村集体所有。此时，荆棘岭村集体便有权将该宅基地分配给孤直公和其他照顾杏仙的邻居。

孤直公坚持30多年照顾杏仙的感人事迹让众多网友排队点赞，而这样的遗产安排也让网友们非常认同，直呼"孤直公，这是你应得的"。《民法典》让民众真正感受到好人有好报。

他不是我亲兄弟，凭什么分我妈的遗产？

——胡婷婷

话说，玉面狐狸与牛魔王情投意合，生育儿子黑孩儿后就云游四海去了。在黑孩儿19岁可以独立生活后，牛魔王娶了铁扇公主为妻，生了红孩儿。红孩儿事业心强，不久就外出谋生自立为王，甚少回家，后来在一次战斗中伤了腿成了残疾人。黑孩儿心地善良，经常回家照顾生病的继母铁扇公主。后来，铁扇公主因病逝世，两兄弟发现她名下有大笔存款，便签订了一份《协议书》，约定遗产由黑孩儿和红孩儿分别继承40%和60%，之后又到公证处办理了一份《公证书》，确认铁扇公主的遗产由哥俩儿共同继承。

红孩儿的军师听说了这件事替红孩儿不值："大王，凭啥分给他呀，您才是铁扇公主的亲儿子啊，他算什么，他根本没资格继承遗产！"红孩儿也觉得心里不是滋味儿，便听了军师进言诉至天庭，要求分得3/4份额的遗产。

玉帝经过审理查明虽然黑孩儿不是法定继承人，但他对铁扇公主尽了较多的扶养义务，并以此为由认定黑孩儿可以分得遗产。因此，玉帝驳回了红孩儿的诉讼请求。

◀ 捷高律师有话说

1. 黑孩儿不是铁扇公主的法定继承人，为何能分得遗产？

继子女能够分得遗产的情形有以下两种：

（1）继子女与继父母形成抚养关系，即继子女未成年前，与继父母共同生活，形成抚养关系，或者继父母年老后，继子女对继父母尽了赡养义务，形成扶养关系。这种情况下，形成抚养/扶养关系的继子女、继父母互为对方的法定第一顺序继承人，可以继承对方的遗产。

（2）虽未与继父母形成扶养关系，但继子女对继父母扶养较多的，即继子女在未成年前没有与继父母形成抚养关系，或者继父母尚未需要子女、继子女赡养前，继子女为继父母提供生活来源，或提供主要的劳务帮助，或在精神上经常关心、关怀继父母，这种情况下，继子女有权适当分得遗产。反之亦然。

该案中，黑孩儿在成为铁扇公主的继子时已满18周岁，并非未成年人，其后也没有与铁扇公主共同生活，根据《民法典》第一千一百二十七条关于第一顺序继承人的规定，黑孩儿确实不是法定继承人。但黑孩儿和红孩儿就继承问题签订了《协议书》并经过公证，经法院查明系真实有效的，所以黑孩儿虽然不是法定继承人，但根据《协议书》，黑孩儿能分得遗产。

2. 假设该案没有《协议书》，黑孩儿还能分得遗产吗？

依然可以。因为《民法典》第一千一百三十一条规定了酌情分得遗产权的情形，对继承人以外的对被继承人扶养较多的人，可以分给适当的遗产。黑孩儿在铁扇公主经历病痛时，照顾较多，不仅在经济上资助供养，还在照料日常生活起居等劳务上付出许多，且给予了铁扇公主精神上的陪伴抚慰，所以黑孩儿是有权分得适当的遗产的。

侵权责任编

在校生兼职时坠亡，责任谁来担？

——谭平

凭自己身体条件无法到达的天空一直是人类向往的所在。为让人类体验升空、翱翔的感受，铁扇公主开设了翠云山飞行营地，为游客提供热气球乘坐服务。由于节假日游客众多，铁扇公主经常聘请在校学生兼职工作人员。

这年的花车巡游长假，游客再次挤满翠云山飞行营地。但长假的第二天，一则小猴子从翠云山热气球上坠落的视频传遍了朋友圈。视频中一只小猴子全程抓着篮筐底部，在篮外悬吊着，虽然热气球的高度在不断下降，但他还是没能支撑到最后，在距离地面十多米处重重坠下，经抢救无效死亡。

由于该视频传播速度太快，记者们打爆了铁扇公主的电话。铁扇公主表示，死者孙小猴是一名大三在校学生，利用假期在该飞行营地兼职，经过一个多小时培训后上岗，负责地勤、引导游客等工作，一天120元，事故的发生是孙小猴未按标准操作所致。

🔊 捷高律师有话说

此事引发了网友们对在校生兼职期间受损之责任承担问题的关注，纷纷咨询"在校生兼职是否构成劳动关系""兼职期间发生意外受伤或死亡的责任应由谁承担"等问题。

1. 在校生兼职一般不与供职机构构成劳动关系

《关于贯彻执行〈中华人民共和国劳动法〉若干问题的意见》第十二条规定："在校生利用业余时间勤工助学，不视为就业，未建立劳动关系，可以不签订劳动合同。"

根据上述规定，死者孙小猴系大三在校学生，他利用假期兼职获取每日120元报酬的行为属于勤工俭学，不视为就业，他与飞行营地或其运营公司不构成劳动关系。

实践中大部分的在校生兼职、为完成学校安排的社会实习、自行从事的社会实践活动等一般不认定为劳动关系。但是在特殊情况下，比如在学校规定的实习学年里，在校生签订劳动合同甚至签订三方协议，符合劳动法有关规定的则应认定为劳动关系。

2.兼职时发生人身损害应由雇主承担侵权责任

我国《工伤保险条例》规定享受工伤保险待遇的主体必须是与用人单位建立劳动关系的劳动者，因此，在不构成劳动关系的情况下，兼职人员无法向雇主主张工伤赔偿，但可主张侵权责任。

《民法典》第一千一百九十二条第一款规定："……提供劳务一方因劳务受到损害的，根据双方各自的过错承担相应的责任。"该案中，由于孙小猴与飞行营地之间不构成劳动关系而属于雇佣关系，且未有证据显示孙小猴的死亡系由第三人造成，因此孙小猴家属可依据上述规定向飞行营地方主张人身损害赔偿。

3.赔偿责任比例如何分配？

《民法典》第一千一百九十二条第一款规定："个人之间形成劳务关系，提供劳务一方因劳务造成他人损害的，由接受劳务一方承担侵权责任。接受劳务一方承担侵权责任后，可以向有故意或重大过失的提供劳务一方追偿，提供劳务一方因劳务受到损害的，根据双方各自的过错承担相应的责任。"

根据上述规定，在确定侵权责任时，应当根据接受劳务方和提供劳务方各自的过错来分配责任承担的比例。具体到该案，如飞行营地一方确能提供证据证明：①飞行营地确实对孙小猴进行了充分、足够的培训，孙小猴确认其了解操作规程；②孙小猴确实违反了培训中教授给他的操作规程，则可以在一定程度上减轻飞行营地的责任承担比例。否则，应根据《民法典》第一千一百七十九条之规定，全额向孙小猴的家属承担医疗费、丧葬费、死亡赔偿金、误工费等项目的赔偿责任。

◀ 前事不忘后事之师

欲避免这类惨剧再度发生，要靠雇主和雇员的共同努力。从雇主角度，一方面应建立完备的安全操作规章制度，另一方面不可忽视岗前培训、安全培训的重要性，应当提供充分、足够的岗前培训，保证雇员清楚知悉正确规范的操作规程。此外，应通过雇主责任险或其他商业保险最大限度降低损失，及时为兼职人员甚至所有雇员投保相关险种。从雇员角度，不论是否属于兼职人员，都应时刻紧绷安全生产的这根弦，应该在确保自己清楚知悉安全操作规程，并完全能按照安全操作的要求进行操作的前提下，再进行操作。

被诊断为甲醛中毒，我们家跟家具厂打了十几年官司

——黄昕睿[*]

九头虫和万圣公主一直伉俪情深，带着婚生儿子小小龙住在碧波潭小区的一套房子里。为进一步改善居住环境，2004年6月，九头虫和万圣公主以22 700元的价格购买了某家具厂生产的电脑桌、书橱、席梦思床、化妆台、板凳、衣橱、电话柜、床头柜、电视柜等多件环保型实木家具，并将绝大部分新家具摆在主卧，仅将电话柜和床头柜摆在次卧。

2004年6月至9月，九头虫、万圣公主和儿子小小龙都出现了不同程度的咽喉不适、咳嗽不止、胸闷气喘、眼睛流泪、不断打喷嚏、记忆力减退、脱发、食欲不振、面部神经偏瘫等症状，经多次检查，未能查明病因。后三人病情加重，开始考虑可能是新买的家具有问题。2005年7月万圣公主申请碧波潭室内装饰行业协会室内环境检测中心到家中对居室内空气环境进行检测，检测出甲醛、TVOC（总挥发性有机化合物）的浓度超标数倍以上。

2005年7月28日至2005年8月19日，九头虫和万圣公主因病情加重住院治疗，小小龙辗转各大医院问诊。九头虫被诊断为慢性甲醛中毒、慢性浅表性胃炎、食管炎、直肠息肉等；万圣公主被诊断为慢性甲醛中毒、胃肠功能紊乱、十二指肠溃疡、子宫腺肌瘤、胃息肉等；小小龙则被诊断为胃肠炎、咽炎、双眼结膜炎等。

九头虫一家因此花费了巨额医疗费并产生相关经济损失。对此，三人于2005年11月4日起诉至天庭，要求家具厂赔偿医疗费及相关经济损失，该案经多次开庭审理，最终玉帝于2009年7月29日作出民事判决，认定该案是购买使用家具造

---

[*] 黄昕睿，广东捷高律师事务所执业律师、人民调解员，专注不良资产清收、合同、执行等公司商事非诉事务。

成室内环境污染引起的人身损害赔偿纠纷；家具厂生产的家具甲醛超标，是污染环境的违法行为，且家具厂无证据否认其家具甲醛超标与九头虫一家的人身损害不存在因果关系，因此判令家具厂赔偿九头虫一家医疗费、误工费、住院伙食补助费等各项经济损失共计人民币 307 834.56 元。

后来，因后续治疗费问题，九头虫一家五次将家具厂告上天庭，前后历经了 13 年十余场官司，累计获得医疗费等各项赔偿共计 200 多万元。如今，九头虫一家仍在持续接受治疗，这场由室内甲醛引发的纠纷也不知何时才能真正了结。

捷高律师有话说

近年来，以甲醛污染为首的室内装修环境污染案件已越来越多地走进人们的视野。我们就借着这批案件，来聊一聊室内装修污染引发人身损害的那些事。

1. 室内装修污染引起的人身损害赔偿纠纷案件应确定案由为环境污染责任纠纷

该等案件中，双方对案由是否应定为环境污染责任纠纷一直存在争议。

根据《最高人民法院关于印发修改后的〈民事案件案由规定〉的通知》第四条第四点的规定："……具体适用时，涉及侵权责任纠纷的，为明确和统一法律适用问题，应当先适用第九部分'侵权责任纠纷'项下根据侵权责任编相关规定列出的具体案由；没有相应案由的，再适用'人格权纠纷''物权纠纷''知识产权与竞争纠纷'等其他部分项下的具体案由。如环境污染、高度危险行为均可能造成人身损害和财产损害，确定案由时，应当适用第九部分'侵权责任纠纷'项下'环境污染责任纠纷''高度危险责任纠纷'案由，而不应适用第一部分'人格权纠纷'项下的'生命权、身体权、健康权纠纷'案由，也不应适用第三部分'物权纠纷'项下的'财产损害赔偿纠纷'案由。"

具体到该等案件，家具释放的甲醛引发被侵权人甲醛中毒，属于室内空气污染引发的人身损害案件，既属于"侵权责任纠纷"项下的"环境污染责任纠纷"，又属于"人格权纠纷"项下的"生命权、健康权、身体权纠纷"，在两者相竞合的情况下，应依据上述规定适用"环境污染责任纠纷"的案由。因此，该等案件里，各级法院法官在具体案件中均坚持确定案由为"环境污染责任纠纷"符合法律的相关精神。

2. 环境污染责任纠纷案件的举证责任分配

"谁主张谁举证"系民事诉讼中的基本举证规则，但对于某些特殊案件，则作出了"举证责任倒置"的特殊规定。因此，该等案件中的争议双方才会一直纠结案由问题。

我国《民法典》第一千二百三十条规定："因污染环境、破坏生态发生纠纷，行为人应当就法律规定的不承担责任或者减轻责任的情形及其行为与损害之间不存在因果关系承担举证责任。"

该规定明确了环境污染责任纠纷案件适用举证责任倒置的举证规则，即由污染者负责举证，如其不能证明其与损害之间不存在因果关系，则应承担损害赔偿责任。

需要强调的是，举证责任倒置不代表被侵权人可以免除一切举证责任，相反，被侵权人仍应依照法律相关规定完成基本的举证责任。对此，《最高人民法院关于审理环境侵权责任纠纷案件适用法律若干问题的解释》第六条明确规定："被侵权人根据民法典第七编第七章的规定请求赔偿的，应当提供证明以下事实的证据材料：（一）侵权人排放了污染物或者破坏了生态；（二）被侵权人的损害；（三）侵权人排放的污染物或者其次生污染物、破坏生态行为与损害之间具有关联性。"

其中，污染物与损害之间的关联性系举证的关键。为证明存在因果关系，九头虫一家人委托当地室内装饰行业协会室内环境监测中心对其房屋进行检测，出具检测报告及相关说明。由于当年购买的新家具绝大部分摆放在主卧，九头虫与万圣公主主要使用主卧且病情严重，因此监测中心用了对比的方法，分别检测主卧和次卧的甲醛含量，得出主卧甲醛超标的结论且计算了主卧超过次卧甲醛含量的差额，结合医院的相关诊疗记录，以此证明家具厂与九头虫一家人之间的损害存在因果关系。

3. 可以就后续新发生的治疗费继续起诉侵权人

该案之所以经典，除因它是典型的由室内甲醛引起的人身损害赔偿案件外，还因为被侵权人的多次成功诉请后续治疗费。九头虫一家在第一次起诉后，五度起诉家具厂请求支付后续治疗费用，是有法律依据的。

《最高人民法院关于审理人身损害赔偿案件适用法律若干问题的解释》第六条第二款规定:"医疗费的赔偿数额,按照一审法庭辩论终结前实际发生的数额确定。器官功能恢复训练所必要的康复费、适当的整容费以及其他后续治疗费,赔偿权利人可以待实际发生后另行起诉。但根据医疗证明或者鉴定结论确定必然发生的费用,可以与已经发生的医疗费一并予以赔偿。"

由于甲醛中毒导致的人体损害是持续的、涉及多器官的,因此需要不断的、甚至是终身的治疗。根据前述规定,九头虫一家只需要证明后续的治疗费与前诉的侵权行为有因果关系,该等费用确实是在前诉法庭辩论终结后发生,即可成功追偿后续治疗费。

前事不忘后事之师

这是一起令人唏嘘的双输事件。对于被侵权人而言,高高兴兴添置家具改善生活,没想到却由此开启了一辈子打针吃药、看病就医、连年诉讼索要后续治疗费的噩梦;对于侵权的家具厂而言,一批甲醛超标的家具,就使得它不得不背负三个人一生的治疗费用,与这家人连年对簿公堂。但究其原因,这个事件终究还是由家具厂生产不合格、超标产品所致。希望各装修装饰公司、家具公司时刻本着良心生产,严格把控工程和产品的质量标准,以最大限度地减少此类事件的再次发生。

老人被狗绳绊倒摔死，责任谁来承担？

——李慧华

近日，一段视频在西游互联网疯传。视频显示，两只身形偏大的犬只在街上飞奔追逐，其中一只大型犬脖子上还拴着一根狗绳。随着犬只的狂奔，狗绳瞬间将路上的猴姥姥绊倒，猴姥姥腾空后重重地摔在地上，头面部大量出血倒地不起，最终经抢救无效死亡。

在视频中，除了猴姥姥的腾空倒地死亡让人揪心以外，一个曾与伤人犬只接触的小猴子也引起了人们的关注。开始有人认为小猴子是犬只的主人，不久有目击证人称伤人犬只的主人并非该小猴子，而是另有其人，系一成年男性，小猴子只是偷偷将他的犬只带出来玩。

◢ 捷高律师有话说

这段视频牵动着大家的心，网友们除了纷纷表示对猴姥姥的同情外，更多地表达了对遛狗不拴绳的愤怒，希望法律能严惩这种行为。那么，在该案中，谁应为猴姥姥的死亡负责呢？应当负什么责任呢？

对于饲养动物造成损害的责任，我国《民法典》第七编第九章进行了专门的规定。

1. 动物饲养人或管理人对动物伤人承担无过错责任

《民法典》第一千二百四十五条规定："饲养的动物造成他人损害的，动物饲养人或者管理人应当承担侵权责任；但是，能够证明损害是因被侵权人故意或者重大过失造成的，可以不承担或者减轻责任。"

第一千二百四十六条规定："违反管理规定，未对动物采取安全措施造成他人损害的，动物饲养人或者管理人应当承担侵权责任；但是，能够证明损害是因被侵权人故意造成的，可以减轻责任。"

第一千二百四十七条规定："禁止饲养的烈性犬等危险动物造成他人损害的，动物饲养人或者管理人应当承担侵权责任。"

上述三条规定均体现了动物饲养人或管理人的无过错责任原则，即只要饲养的动物造成了损害，饲养人或管理人就应当承担责任，除非能证明被侵权人具有故意（《民法典》第一千二百四十五、第一千二百四十六条）或重大过失（《民法典》第一千二百四十五条）情形，才可以减轻或免除饲养人或管理人的责任。而《民法典》第一千二百四十七条甚至严格规定，只要饲养禁止饲养的烈性犬等危险动物造成他人损害的，饲养人或管理人都应当承担侵权责任。对饲养人或管理人如此严格的限制，显示了我国立法的价值取向——以保护人民生命财产安全为最高价值位阶，对动物饲养行为进行严格的规定和限制。

该案视频显示，猴姥姥正常走在马路上，并无任何逗引犬只的动作，显然不存在故意或者重大过失，因此依据《民法典》第一千二百四十五条，该犬只的饲养人或者管理人应当承担侵权责任。

2.第三人过错致使动物造成他人损害的责任应如何承担？

《民法典》第一千二百五十条规定："因第三人的过错致使动物造成他人损害的，被侵权人可以向动物饲养人或者管理人请求赔偿，也可以向第三人请求赔偿。动物饲养人或者管理人赔偿后，有权向第三人追偿。"

该案中，如果真如目击证人所述，犬只系被小猴子偷偷牵出玩耍的，其主人系一成年男性，那么根据《民法典》第一千二百四十五、第一千二百四十六条和第一千二百五十条之规定，该成年男性应当对猴姥姥的死亡承担损害赔偿责任，猴姥姥的家属有权直接请求该成年男性赔偿，也可以要求小猴子赔偿；如果家属仅要求该成年男性赔偿的，该成年男性可以在赔偿后向小猴子追偿。

值得注意的是，小猴子如果属于《民法典》第一千一百八十八条规定的无民事行为能力人或限制民事行为能力人的，应当由她的监护人承担侵权责任。如果她的监护人能证明自己尽到监护职责的，可以减轻侵权责任。如果小猴子有财产，可以从其本人财产中支付赔偿费用；不足部分，由她的监护人赔偿。

3.遗弃、逃逸的动物造成他人损害的责任应如何承担?

前文我们说过，我国法律对于动物饲养人或管理人明确了非常严格的监管责任，发生饲养动物损害时以无过错责任为原则。相应的，对于遗弃或逃逸的动物，《民法典》第一千二百四十九条明确规定了："遗弃、逃逸的动物在遗弃、逃逸期间造成他人损害的，由动物原饲养人或者管理人承担侵权责任。"假如在该案中，伤人犬只系遭到原饲养人遗弃的，那么原饲养人应对猴姥姥的死亡承担赔偿责任。

4.遛狗不拴绳造成他人损害的责任应如何承担?

遛狗不拴绳，属于典型的《民法典》第一千二百四十六条规定的"违反管理规定，未对动物采取安全措施"的行为，应当由饲养人或管理人承担侵权赔偿责任；但是，如果有确凿证据证明被侵权人存在故意逗引、殴打、惹怒犬只等行为，根据该条规定，饲养人或管理人可以减轻责任。

前事不忘后事之师

人与动物和谐共处是"铲屎官"们的美好愿望，但这个美好愿望必然伴随着严格的责任和义务，在我国《民法典》饲养动物严格侵权责任的前提下，"铲屎官"们应当极尽所能以尽自己的安全管理义务，严格防止和杜绝所饲养动物伤人毁财的现象发生。希望如此严格的动物饲养人责任规定，能使饲养的动物和人类真正和谐共处，视频中猴姥姥遭遇的悲剧能越来越少。

玻璃滑道又出事故，侵权责任如何承担？

——李慧华

最近几年，玻璃观光项目悄悄在西游世界走红。从花果山的第一个玻璃栈道景点开始，在客流量的刺激下，各大景区兴建的栈道、滑道、吊桥等玻璃观光平台越来越多，与此同时玻璃观光平台发生事故的数量也在增加。

这年夏季的一天，巴山虎玻璃滑道发生了事故。从景区经营者巴山虎公司发布的事故声明来看，这次事故是因为突降暴雨玻璃滑道滑速过快致人员碰撞造成，导致了一人死亡多人受伤的损害结果。

在旅游时遇到事故，这样的事情谁都不愿意看到。那么，这次事件中游客的损失该由谁承担呢？我国《民法典》对此作了明确规定。

捷高律师有话说

1. 游客在景区发生事故，侵权责任由谁承担？

《民法典》第一千一百九十八条规定："宾馆、商场、银行、车站、机场、体育场馆、娱乐场所等经营场所、公共场所的经营者、管理者或者群众性活动的组织者，未尽到安全保障义务，造成他人损害的，应当承担侵权责任。因第三人的行为造成他人损害的，由第三人承担侵权责任；经营者、管理者或者组织者未尽到安全保障义务的，承担相应的补充责任。经营者、管理者或者组织者承担补充责任后，可以向第三人追偿。"

根据该规定，要界定游客在景区发生事故时的赔偿责任，首先要看事故是谁导致的。

如果是非景区方人员的行为导致损害结果发生的，就应当适用《民法典》第一千一百九十八条第二款的规定由第三人承担侵权责任，此时景区经营者承担的是补充责任。例如，孙悟空在景区游玩不小心绊倒了猪八戒并导致猪八戒受伤，则应当由孙悟空而不是景区对猪八戒承担赔偿责任。

而在该案中，根据现有资料，未见第三人造成损害的情形，因此应当适用《民法典》第一千一百九十八条第一款的规定，应由巴山虎景区的经营者巴山虎公司对受害游客承担赔偿责任，除非经营者能举证证明自己确实已经尽到安全保障义务。

2. 游客能主张赔偿哪些项目？

根据《民法典》第一千一百七十九条及《最高人民法院关于审理人身损害赔偿案件适用法律若干问题的解释》的相关规定，该案中的受害游客或其家属有权向景区经营者主张医疗费、护理费、交通费、营养费、住院伙食补助费等为治疗和康复支出的合理费用，以及因误工减少的收入；造成残疾的，还可以主张辅助器具费和残疾赔偿金；造成死亡的，还可以主张丧葬费和死亡赔偿金。此外，受害人还可根据《民法典》第一千一百八十三条第一款的规定向景区经营者主张精神损害抚慰金。

值得注意的是，由于我国现有的人身损害赔偿制度以补偿性赔偿为原则，上述项目基本根据各省高级人民法院每年印发的《××××年度人身损害赔偿计算标准》，按实际发生的费用计算，比如，受害人没有工作的，其误工费的主张就无法得到支持；有些受害者的医疗费可以由社保全部或部分承担，社保已经承担的部分法院不会支持；受害者主张的营养费、伙食费超出上述计算标准的，法院亦不予以支持。

◀ 前事不忘后事之师

对于游客而言，虽然在景区受到损害有索赔途径，但在游玩前尽量做足功课，错峰前往管理相对完善的景区游玩，在游玩过程中时刻注意人身安全。

对于景区而言，应当进一步提高安全保障意识，合法合规地经营和管理景区，严格履行自己的安全保障义务，尽量避免甚至杜绝悲剧的再次发生。

为什么我好心投喂流浪狗还要为它闯的祸买单？

——林瑞文

出于爱心投喂流浪狗，流浪狗伤人之后竟被告上天庭？据《西游晚报》消息，2020年9月4日，玉帝开庭审理了这么一起因流浪狗伤人而引发的侵权责任纠纷案件。

2019年9月的一天，猪八戒在途经火云洞时被一条土狗撞倒，经送院医治被诊断为右侧多发肋骨骨折，治疗结束后被评定为十级伤残。天兵天将调查发现，涉案犬只是流浪狗，在火云洞附近的小路、树林出没了好一段时间，火云洞洞主红孩儿心生怜悯，便固定对其投喂，几乎每天都会喂食，投喂行为持续了近半年。

猪八戒得知是红孩儿投喂的流浪狗后十分气愤，将红孩儿告上天庭，要求红孩儿赔偿其损失。一审天庭判令红孩儿赔偿猪八戒各项损失共计6万余元。红孩儿对判决结果十分不解，认为自己投喂流浪动物是做善事、行义举，猪八戒偶遇流浪狗被撞伤是意外事件，怎么还要自己赔呢？于是上诉至天庭中级法院。天庭中级法院开庭审理了此案并对双方进行了调解，在法官的耐心解释下，最终猪八戒和红孩儿达成调解，由红孩儿赔偿猪八戒4万元。

庭审结束后红孩儿还是觉得很冤，为什么自己好心喂养流浪狗没落着好处，反倒要为它的闯祸买单呢？

捷高律师有话说

1. 流浪动物闯祸，投喂者责任如何界定？

《民法典》第一千二百四十五条规定："饲养的动物造成他人损害的，动物饲养人或者管理人应当承担侵权责任；但是，能够证明损害是因被侵权人故意或者重大过失造成的,可以不承担或者减轻责任。"这个条款规定了动物饲养人或管理人的无过错责任。判断某一主体是否应对动物致害负责,重点就在于判断其是否饲养人或管理人。

通常,偶尔的投喂行为并不意味着喂养者与流浪动物建立了饲养或管理关系,亦无须为流浪动物造成的损害承担责任。但红孩儿在固定地点向狗喂食近半年,使流浪狗有了较为稳定的食物来源,停留在喂养者的区域内活动,故红孩儿与涉案犬只之间形成事实上的饲养关系,应对该犬只负有约束和管理的责任。猪八戒被狗撞伤,且事发时其不存在过错,因此红孩儿应对猪八戒的损失承担相应赔偿责任。

所以,偶尔投喂者无须为流浪动物造成的损害承担责任,但长期、固定的投喂者依法须承担责任。

2. 如果犬只系被遗弃或逃跑的,投喂者还要承担责任吗?

《民法典》第一千二百四十九条规定:"遗弃、逃逸的动物在遗弃、逃逸期间造成他人损害的,由动物原饲养人或者管理人承担侵权责任。"

根据该规定,如果涉事犬只确实是被遗弃或逃跑的,原主人确实应当对猪八戒的损害承担赔偿责任。此时,红孩儿的长期投喂行为则属于《民法典》中的无因管理。作为管理人,红孩儿仍应按《民法典》第一千二百四十五条的规定承担赔偿责任,但赔偿后有权依据《民法典》第九百七十九条之规定,请求犬只的原主人偿还其因管理犬只而支出的必要费用,并要求原主人对其赔偿猪八戒导致的损失给予适当补偿。

3.关爱流浪动物的正确方式

关爱流浪动物本无过错，对流浪动物心生怜悯也不应是当事人遭到非难的理由。但爱心人士长期固定的投喂行为确实会不可避免地造成流浪动物对投喂区域产生依赖，使流浪动物长期滞留甚至会让多只流浪动物群聚；而且，爱心人士仅投喂而不拴绳、不圈养，未对被投喂动物进行必要的控制，大大增加了这些区域范围内人和其他生物受到损害的风险，无论对人类、其他生物还是整个环境来说都是不利的。

正因如此，法律才作如此规定，并非反对人们关爱流浪动物，而是引导人们从环境大局考虑，正确关爱流浪动物。遇到流浪的猫狗，可抱回家圈养，遛弯注意拴绳；不方便收养的，亦可送到专门的收容机构。遇到其他动物，尤其遇到疑似国家保护动物，则万勿轻易收养或接触，应尽快致电有关部门，通知专业人员前来处理为宜。

愿人与自然和谐相处，愿爱心不要成为无奈的负担。

天上掉下一只哮天犬

——胡婷婷

红孩儿，外号"圣婴大王"，乃牛魔王和铁扇公主之子。因顽劣成性想吃唐僧肉而被观音姐姐收服，由妖变成仙，受封为观音姐姐座下的善财童子。可是，红孩儿始终是小孩子心性，即便成仙后仍十分贪玩。一会儿在天空飞行，腾云驾雾；一会儿下凡占山为王，开车漂移，玩得不亦乐乎。

这不，这会儿红孩儿又偷偷下凡，想驾驶着新买的跑车好好漂移一番，结果发现停在枯松涧火云洞门前的跑车竟然被砸出一个大洞。走近一看，发现大洞里竟然躺着哮天犬。怎么好好的，哮天犬会从天上掉下，还把自家的车给砸坏了呢？

红孩儿气得失去理智，气呼呼地正要喷出三味真火烤狗肉时，土地公公及时赶到阻止了红孩儿，说道："我的小大王啊，可别冲动啊！这哮天犬好歹也是神兽，你要真的把它烤了，上面怪罪下来可不好受啊！"

红孩儿虽然任性，也懂得其中道理，只不过仍咽不下这口气，大声呼唤杨戬，让他下凡处理赔偿。杨戬到达现场后，只愿意赔偿一点钱，还说红孩儿这是违规停车，被砸到了自己也要负责。这下红孩儿更生气了，提起哮天犬直奔天庭找玉帝理论去了。

玉帝开庭审理了此案。经查明，红孩儿的车辆是停放在火云洞门前，属于私人住宅范围内的停车位，红孩儿没有违规停车，不存在过错。而杨戬没有管理好自家宠物，须对哮天犬坠落凡间砸坏红孩儿车辆所导致的损失承担赔偿责任。因此，玉帝根据《民法典》侵权责任编的相关规定，判决杨戬赔偿红孩儿修理车辆的全部费用。

捷高律师有话说

1. 高空坠下宠物狗致害，应适用什么规定？

现今社会，高空坠物事件频频发生，坠下的物件更是五花八门，只有你想不到，没有你遇不到的。关于从建筑物坠落物品，《民法典》第七编侵权责任第十章建筑物和物件损害责任专门作了规定；而关于动物致害，《民法典》第七编第九章饲养动物损害责任也有相应的规定。那么该案中，哮天犬从天而降造成损失，究竟应定性为高空坠物还是饲养动物侵权呢？

该案应适用《民法典》第一千二百四十五条之规定，即"饲养的动物造成他人损害的，动物饲养人或者管理人应当承担侵权责任；但是，能够证明损害是因被侵权人故意或者重大过失造成的，可以不承担或者减轻责任"，而不应适用第一千二百五十四条关于抛掷、坠落物品致害责任的规定。

2. 如何正确理解和适用《民法典》第一千二百五十四条？

正如上述所说，高空抛物、坠物致害等侵权案件频繁发生，引起社会高度关注。

原《侵权责任法》第八十七条明确规定："从建筑物抛掷物品或从建筑物上坠落的物品造成他人损害的，难以确定具体侵权人的，除能够证明自己不是侵权人的外，由可能加害的建筑物使用人给予补偿"；《民法典》吸收承继了这一规定，在第一千二百五十四条明确如下："禁止从建筑物中抛掷物品。从建筑物中抛掷物品或者从建筑物上坠落的物品造成他人损害的，由侵权人依法承担侵权责任；经调查难以确定具体侵权人的，除能够证明自己不是侵权人的外，由可能加害的建筑物使用人给予补偿。可能加害的建筑物使用人补偿后，有权向侵权人追偿。物业服务企业等建筑物管理人应当采取必要的安全保障措施防止前款规定情形的发生；未采取必要的安全保障措施的，应当依法承担未履行安全保障义务的侵权责任。发生本条第一款规定的情形的，公安等机关应当依法及时调查，查清责任人。"

适用这一具有"连坐"性质的条款，必须满足两个条件，一是致人损害的高空物件包括抛掷物和坠落物，二是难以确定具体侵权人。只有符合这两个条件，再加上造成受害人损害的要件，才能适用该条款的规定。

此外，不难发现，《民法典》在原《侵权责任法》明确"连坐"责任的基础上，还增加了第二款"建筑物管理人的必要安全保障措施义务"及第三款"公安机关的及时调查义务"，进一步保卫我们"头顶上"的安全。

除了第一千二百五十四条有关于高空抛物、坠物的规定外，《民法典》还在第一千二百五十三条规定了建筑物、构筑物或者其他设施及其搁置物、悬挂物发生脱落、坠落造成他人损害且能明确侵权人时的责任："建筑物、构筑物或者其他设施及其搁置物、悬挂物发生脱落、坠落造成他人损害，所有人、管理人或者使用人不能证明自己没有过错的，应当承担侵权责任。所有人、管理人或者使用人赔偿后，有其他责任人的，有权向其他责任人追偿。"例如，深圳一起高层建筑玻璃窗砸中男童致死案件，这个玻璃窗是能够确定其所有人、管理人或使用人的，即能确定侵权人的，应当适用第一千二百五十三条，而不是第一千二百五十四条。

宠物引发"血案"

又不是我放的鞭炮，为什么要我赔钱？

——胡婷婷

取经事业完成后，已经许多年没有回花果山的孙悟空决定带上玉帝、王母娘娘赏赐的宝物回去看看猴子猴孙们。一众猴子猴孙提前得知大圣要归来，十分高兴。辈分最长的猴奶奶担任起迎接大圣荣归故里联欢会的指导员，安排猴子猴孙们开展采购、布置会场、准备节目等一系列工作。

经过一番忙碌后，终于迎来了猴子猴孙们翘首以盼的日子——大圣归来。孙悟空乘坐着筋斗云，看着越来越近的花果山，内心十分激动；地上的猴子猴孙看着马上到达的大圣纷纷欢呼雀跃，点燃了提前准备好的一万响鞭炮，好让大圣在热烈的鞭炮声中着陆。

随着鞭炮噼里啪啦的声响越来越近，孙悟空也成功着陆。此时的猴奶奶十分激动，迫不及待地奔向孙悟空。怎料，还有少许的鞭炮还没燃烧完毕，竟炸伤了猴奶奶的左眼。突如其来的事故，让众猴措手不及，幸好孙悟空历练多年遇事镇定，立马让小猴子找来猴医仙替猴奶奶治疗。但鉴于猴奶奶的左眼伤势过于严重，只能安装义眼度过余生。

治疗的医药费和义眼的费用十分昂贵，虽然孙悟空和部分猴子猴孙也自发给猴奶奶送去财物，但仍是杯水车薪。猴奶奶看着大部分猴子猴孙事不关己高高挂起的态度，十分气愤，认为鞭炮是大家一起购买一起燃放的，现在对自己造成了伤害，其他猴子猴孙怎能置身事外呢？猴奶奶觉得这事儿太堵心，忍不住告上天庭，要求花果山一众猴子猴孙为自己的伤势承担责任。

经查明案件事实后，玉帝认为，燃放鞭炮属于高度危险物致害责任，适用无过错责任。鞭炮是众猴子猴孙一起燃放的，为共同危险行为，而且无法确定具体的侵权责任人，应当由全部行为人承担连带责任。但猴奶奶作为成年人，应当具备对危险环境的认知能力和自我保护能力，其未注意观察周边鞭炮燃放的情况下，便离开安全地带以致受伤，其对损害亦有重大过失。

综上，对于燃放鞭炮给猴奶奶造成的损害赔偿责任，玉帝判决众猴子猴孙共同承担70%，猴奶奶承担30%。

◀ 捷高律师有话说

1. 燃放鞭炮造成伤害属于什么责任？

《民法典》第一千二百三十九条规定："占有或者使用易燃、易爆、剧毒、高放射性、强腐蚀性、高致病性等高度危险物造成他人损害的，占有人或者使用人应当承担侵权责任；但是，能够证明损害是因受害人故意或者不可抗力造成的，不承担责任。被侵权人对损害的发生有重大过失的，可以减轻占有人或者使用人的责任。"

根据上述规定，烟花爆竹属于易燃、易爆物品，具有高度危险性，符合高度危险责任的特征，应当属于高度危险责任范畴。燃放鞭炮造成损害的，应当承担侵权责任并适用无过错责任原则，即不论占有人或者使用人是否具有过错都应当承担高度危险物致人损害造成的侵权责任。

就该案来看，在公共场合燃放鞭炮的行为具有相当的危险性。无论是猴奶奶还是猴子猴孙，在燃放的过程中，必须尽到高度注意义务，采取安全保障措施，防止对人身或财产造成伤害。

2. 何为无过错责任原则？

无过错责任原则亦称客观责任原则、危险责任原则、严格责任原则，是民法归责原则中的一个特殊原则，主要是指行为人造成他人损害的事实客观存在，以及行为人的活动和所管理的人或物的危险性质与所造成损害后果是因果关系，而特别加重其责任，让行为人对损害后果承担法律责任。

3. 何为共同危险行为？

共同危险行为是指数人共同实施危及他人人身安全的行为并造成损害结果，而实际侵害行为人又无法确定的侵权行为。共同危险行为成立后，虽然真正侵害行为人只能是其中一人或一部分人，但如果无法确定谁是真正的侵害行为人，共同实施危险行为的数人承担连带责任。

该案中，燃放鞭炮的行为导致猴奶奶受伤，但无法确定具体是哪个小猴子点燃的哪个鞭炮导致这一结果，且燃放鞭炮的行为，属于实施高度危险性行为，亦符合无过错归责原则的构成要件，玉帝判决众猴子猴孙对猴奶奶的损害共同承担连带责任，合情合理，符合法律要求。

◀ 前事不忘后事之师

燃放烟花爆竹虽是我国流传两千多年的传统民间习俗，但因烟花爆竹属于易燃易爆物品，且一般是在人多密集时燃放，所以在燃放时，无论是行为人，还是旁观者都应当注意安全，以防止引起火灾，造成生命和财产的损失。